U0798243

指导单位

北京 2022 年冬奥会和冬残奥会组织委员会

北京的长城

北京国际城市发展研究院 著
连玉明 主编

科学出版社
北京

内 容 简 介

本书以“文明互鉴、各美其美”理念揭示了以长城文化为代表的中华优秀传统文化贡献给世界的智慧。作为一本具有科普性质的长城文化读本，它将指引人们尽情享受“长城与冬奥”的奇妙相遇，感受“双奥之城”的北京故事，体认古老希腊文明的奥林匹克精神与五千年灿烂不熄的中华文明之间连绵不断的渊源，让长城文化这张中华民族的“金名片”在北京2022年冬奥会、冬残奥会的世界舞台上“亮起来”。

本书适合长城遗产保护与利用的研究者及文化、旅游的爱好者参考、阅读。

图书在版编目（CIP）数据

北京的长城 / 连玉明主编；北京国际城市发展研究院著. —北京：科学出版社, 2022.1

ISBN 978-7-03-071314-8

Ⅰ. ①北… Ⅱ. ①连… ②北… Ⅲ. ①长城—介绍—北京 Ⅳ. ①K928.77

中国版本图书馆CIP数据核字（2022）第001193号

责任编辑：张亚娜 / 责任校对：邹慧卿

责任印制：肖 兴 / 封面设计：北京孚思智库文化发展有限公司

科 学 出 版 社 出版

北京东黄城根北街16号

邮政编码：100717

http://www.sciencep.com

北京雅昌艺术印刷有限公司 印刷

科学出版社发行 各地新华书店经销

*

2022年1月第 一 版 开本：720×1000 1/16

2022年1月第一次印刷 印张：17 5/8 插页：1

字数：250 000

定价：128.00 元

（如有印装质量问题，我社负责调换）

组织编纂

北 京 国 际 城 市 发 展 研 究 院

北京国际城市文化交流基金会

图片支持

北京市人民政府参事室

北 京 市 文 史 研 究 馆

翻　　译

中译语通科技股份有限公司

编译委员会

主编序

《北京的长城》定稿于北京2022年冬奥会、冬残奥会倒计时100天。当灿烂的冬奥圣火辉映于“双奥之城”，当五环旗飘扬在长城脚下的时候，《北京的长城》中文版、英文版、法文版同步正式出版。

长城文化具有中华优秀传统文化特质，用全球语境、历史语境和未来语境重新审视长城文化的冬奥遗产价值，以长城文化为介质，连接中华文化、中国精神和人类共同精神，成为北京2022年冬奥会、冬残奥会的特色所在。“北京的长城”系列活动正是基于这一背景发起、组织和开展的。

为更好地向世界传播好中国声音、讲好中国故事，为国际奥委会及参加北京2022年冬奥会的国际组织、参赛嘉宾、冬奥友人和媒体记者搭建一座中西文化交流的桥梁，由北京2022年冬奥会和冬残奥会组织委员会作为指导单位，北京国际城市发展研究院（GDCC）和北京国际城市文化交流基金会（BCCF）组织专家团队研究、撰写、翻译、出版了《北京的长城》中文版、英文版和法文版，以期打开世界认识中国的一扇窗户。

《北京的长城》以“文明互鉴、各美其美”理念揭示了以长城文化为代表的中华优秀传统文化贡献给世界的智慧。作为一本具有科普性质的长城文化读本，或许，它将指引人们尽情享受“长城与冬奥”的奇妙相遇，感受“双奥之城”的北京故事，体认古老希腊文明的奥林匹克精神与五千年灿烂不熄的中华文明之间连绵不断的渊源，让长城文化这张中华民族的“金名片”在北京2022年冬奥会、冬残奥会的世界舞台上“亮起来”。

北京2022年冬奥会和冬残奥会既是一届体育盛会，也是一场旅游盛事，更是一次文化盛宴。《北京的长城》算是其中的“一朵小花”。相信北京2022年冬奥会和冬残奥会在中国传统文化与奥林匹克文化相互融合的开创性和独特性，必将引领冬季奥林匹克运动进入一个崭新的时代。

北京国际城市发展研究院院长

北京国际城市文化交流基金会主席

2021年11月24日

目录

| 第三编 |

長城 · 生态之美

| 第四编 |

長城 · 永续之美

| 第五编 |

長城 · 冰雪之美

绪论 长城之美

2021年7月25日，坐标中国福建福州。第44届世界遗产大会在此举行并宣布，“泉州：宋元中国的世界海洋商贸中心”获准列入《世界遗产名录》。泉州，这个曾出现在《马可·波罗游记》里的“东方第一大港”，又一次唤起了人们对宋元时代东方繁荣的热议和探寻。同时，第44届世界遗产大会上还有一个夺目亮点，那就是大会审议并通过了嘉峪关长城保护状况报告，嘉峪关长城被世界遗产委员会评为世界遗产保护管理示范案例。而《马可·波罗游记》因为没有介绍到中国的万里长城，也曾被中外学者看作是其最大遗憾，但这并不妨碍人们对万里长城孜孜不倦的追索和向往。

时间的指针回到1987年的巴黎。在巴黎举行的第11届世界遗产大会上，中国首次有故宫博物院、周口店北京人遗址、泰山、长城、秦始皇陵（含兵马俑坑）、敦煌莫高窟共六处文化与自然遗产列入《世界遗产名录》。长城，因与“原真性、完整性”的世界遗产标准高度契合，而成为当时评选中国第一批世界遗产时，全场最没有争议和悬念的“无与伦比的杰作”。

当人们站在中原大地上，无论从哪里出发，只要一路向北，就总能与这一“无与伦比的杰作”不期而遇。在长城，遇见至真至善至美。长城不是孤立存在的，而是形制特征、功能作用、生态环境、经济社会发展、历史文化传承等多种因素的综合体。其工程之浩大、气势之雄浑、历史之悠久、底蕴之深厚，举世罕见。可以说，长城的美，超越了“人工修筑的以土、石、砖为墙体的连续性高墙”这一长城概念和内涵本身，成为漫漫历史长河中浸润于每一个中国人生命体验中最强大的文化基因。

历经十几个王朝、2600余年的时间，长城形成了由墙体、单体的敌台、烽燧、关隘、城堡及相关遗存所构成的完善、立体的军事防御体系。当人们行走在这一处处古老建筑之上，触碰着经过岁月洗礼但又沉默不语的青砖条石、楼台烽堡时，无不感受到它所深蕴的一股磁吸般的能量。万里长城不仅是一段社会生活的缩影，更是中华文明的一个象征，它为人们提供了一个古今对话的真实场域，并不断塑造着人们当下的生活体验。而事实上，从万里长城到金字塔，从皇家宫殿到古代庭院……古往今来，能工巧匠创造的建筑艺术之美，在文明的不断演进中产生并升华为对人类发展的持续影响。

探究解锁长城之密码，重温耳熟能详的“有朋自远方来，不亦乐乎”的中国古训，我们总是会对通过长城所建立的文明对话体制有新的感受和理解。长城处于农耕和游牧的分界线上，这两种不同的生产方式、经济类型，彼此有着强烈的冲突和互补。长城的修建，不重于进攻、着力于防守，不喜于劫掠、倾向于融合，更多体现为不同族群、不同民族政权之间构建的良好秩序。而这样一种文明对话体制就像一条坚韧的纽带，串联在中国几千年延绵不断的发展进程之中，丰富着中华文明的认同和包容，从而形成了既有统一性，又有差异性的治理体系。历史也充分证明，这种文明对话体制在人类文明的冲突与交融中，具有极强的选择性、适应性和包容性。这也是为什么中国历史上每次王朝崩溃之后又能重建统一王朝的原因。作为一个生产型国家，黏合社会的物质财富利益来自秩序与和平条件下生产增长的收益，这样的愿景具有不可抵挡的强大吸引力。长城的每一块砌砖、每一块垒石上，都凝结着中华民族的

慕田峪长城（2020年）

和平愿望，这是中华五千年历史延续至今的大方向。在人类日益成为一个你中有我、我中有你的命运共同体的当下，长城所蕴含的共生共存、融合发展的精神特质无疑还有更多可挖掘的现实意义。

人们追随着长城穿梭于崇山峻岭、长河远海之间，以生产、生活、生态三个层次对长城所处的地理空间进行解读时，就能进一步感受“天人合一、道法自然”的生态智慧，认识长城所蕴含的绿色生态价值。依山傍水形成天然屏障，是长城修建的基础和原则。在长城及沿线的隘口、军堡、关城和军事重镇连接而成的防御体系的背后，有着一个完整的、生动的生态系统。时至今日，长城内外所形成的这道自然生态屏障，对我们所居住的环境持续发挥着自然生态保护和调节的作用，把它称为“绿色长城”，一点都不为过。更为重要的是，长城沿线以长城和长城文化为依托，以绿色发展和创新发展为抓手，以解决长城沿线生态、贫困等问题为目标，促进长城沿线实现经济社会跨越式发展，进而形成了一个经济蓬勃发展的新的经济区域，并通过冬奥会的加持和赋能，在寻求永续发展的探索中迎来了新的机遇。

长城是我国古代劳动人民创造的伟大奇迹，是中国悠久历史的见证。当人们在过去、现在、未来的时间穿梭中认识长城，就能进一步感知长城庞大的规模、复杂的构成、磅礴的气势、壮美的景观和无与伦比的价值。长城既是军事防御工程，又是居住屯垦的区域，还是经济往来的中心，它既是中华民族民族精神的载体，又是世界文化遗产，还是旅游文化景区。长城在漫长的发展进程中，在功能的持续变换中，串联起了以长城为中心的独特的长城文化。长城文化内涵深厚广博，是中华优秀传统文化的丰富积淀。对于长城遗迹的保护和长城文化的传承，中国做出了积极的探索与创新。正是基于此种情况，长城逐渐为世界所认识，成为中华民族的象征，成为活的遗产。这是我们的共同责任，也是人类文明赓续和世界可持续发展的必然要求。

今天的人们登临万里长城，不仅能深度体验中国悠久厚重的历史、深邃灿烂的文化、丰富多彩的旅游资源，还能感受到中国不断迸发的蓬勃发展活力。而这种活力正在借由一场体育盛会进一步激情四射。2015年国际奥委会主席巴赫宣布，2022年冬季奥运会举办城市为中国北京。由此，北京将成为奥林匹克历史上第一座成功申办过夏季和冬季奥运会的城市。更为特别的是，这场精彩的冬日盛会，将在拥有长城精华段的北京和素有“历代长城博物馆”之称的张家口共同启幕，奥运五环旗将在长城脚下随风飘扬，很多冬奥场馆将在长城遗址周边建成。“体育运动是一种被组织起来的事业，体育运动不仅是游戏，不仅是纪录的创造，它同样也是一种升华，也是一种精神上的恢复。”[1]长城与冬奥相约，一场长城脚下的冰雪运动盛会，不仅让三亿中国人“上冰雪”，还会让更多的外国人“登长城”，从而翻开奥林匹克的全新篇章。这将从更深层次表明，现代体育运动散发的光辉与古老长城所蕴含的美有着内在的相通性。

无论是一个中国人要认识自己的历史，还是一个外国人要了解真实的中国，恐怕没有比走近长城更有效的途径了。一部长城史，就是一部劳动人民的苦难和血泪史，蕴含着中国人民勤劳、智慧、勇敢、善良等美好品质。一部长城史，也是一部民族独立、自强不息的斗争史。长城的美还来源于它深厚的精神内涵。长城内外，几千年来上演着一幕幕气吞山河的英雄故事。“用我们的血肉，筑成我们新的长城”，这是中华民族英勇不屈的民族精神的鲜明写照，显示出具有永恒意义的崇高和壮美。长城正是以这种雄伟的外观形制和深厚的精神内涵，震撼并触及人们的灵魂深处。

长城以它的万里雄姿和几千年风雨阅历，所展现和含蕴的美，是说不尽道不完的。对于长城之美的认识与理解，最大的挑战绝不是史料太少，而是内在意蕴太多。每一次我们走近长城，都会对长城有一次全新理解，在对长城的建筑之美、融合之美、生态之美、永续之美、冰雪之美……的发现中，启发更为深厚的对生命、对世界、对未来的思考，以此作为对“美”的延续。

1　雅斯贝斯．时代的精神状况 [M]. 王德峰，译．上海：上海译文出版社，2013.

金山岭长城（2016年）

第一编

長城建筑之美

北京的長城

建筑是时间的纪念碑。建筑之美，美过万千浮华。

华夏文明上下五千年，中国古代建筑承载着文明古国的历史发展脉络，彰显着中华民族文化文明的无限魅力。长城是中国古代一项伟大的军事工程。经过两千多年沧海桑田的历史变迁，长城作为战争防御设施的实用性功能已经消退，而它的审美特性却在历史的演进中不断积淀和增长。今天，我们看长城之美，首先表现在它的建筑本身。长城建筑工程宏大、建筑类型完备、建筑布局与结构具有艺术性，这是长城作为建筑遗产的价值所在，也因此在中国乃至世界建筑史上占有重要地位。

第一章

世界建筑史上的奇迹

长城建筑的遗产价值得到了国内外的专业评价与高度认可。世界遗产委员会对长城的描述是："公元前约220年，秦始皇下令将早期修建的一些分散的防御工事连接成一个完整的防御系统，用以抵抗来自北方的侵略。长城的修建一直持续到明代（1368—1644），终于建成为世界上最大的军事设施。长城在建筑学上的价值，足以与其在历史和战略上的重要性相媲美。"[1]1961年中国政府公布了第一批全国重点文物保护单位名单，山海关、八达岭和嘉峪关长城名列其中。1984年北京市将万里长城北京段公布为市级文物保护单位。1987年联合国教科文组织公布长城为中国首批世界文化遗产。2001年6月中国政府公布长城（司马台段）为第五批全国重点文物保护单位。之所以获得这些专业认可，主要是因为"长城在中国建筑史上占

1 World Heritage Convention. World Heritage List: The Great Wall [R/OL]. [2021-12-20]. https://whc.unesco.org/en/list/438.

有极其重要的地位，北京长城是万里长城精华段，是研究中国古代建筑和中国建筑史不可忽略的重要对象”[1]。

“时间的遗骨”

世界文化和自然遗产是人类文明发展和自然演进的重要成果，是促进不同文明交流互鉴的重要载体。保护好、传承好、利用好这些宝贵财富，是人类文明赓续和世界可持续发展的必然要求，也是人类共同的责任。

按照联合国教科文组织和世界遗产委员会的定义，世界遗产是“人类罕见的、无法替代的财富”“全人类公认的具有突出意义和普遍价值的文物古迹及自然景观”。包含3个类别：世界文化遗产、世界自然遗产、世界文化与自然双重遗产。截至2021年8月25日，世界遗产总数达1154项，分布在世界167个国家，其中世界文化与自然双重遗产39项，世界自然遗产218项，世界文化遗产897项。

中国作为一个拥有五千年不间断历史的国家，处处是文化，继承了一份份十分宝贵的世界文化遗产和世界自然遗产，它们是人类的共同瑰宝。截至目前，中国已拥有56处世界遗产，数量居世界前列。中国也是拥有世界遗产类别最齐全的国家，拥有世界遗产全部3个类别的遗产。中国的世界文化遗产蕴含着中华民族特有的精神价值、思维方式、想象力，体现着中华民族的生命力和创造力，是各民族智慧的结晶，也是全人类文明的瑰宝。每一件文物，每一处山川，无不蕴藏着古人的深邃思想以及情感寄托，跨越了千年的时光，为今天的我们所感知、所延续。

北京是全球拥有世界文化遗产项目最多的城市，1987—2013年，先后有故宫、长城、周口店北京人遗址、颐和园、天坛、明十三陵共6项具有代表意义的重要历史建筑及人类遗迹，被联合国教科文组织列入《世界文化遗产名录》，它们不仅代表了北京在长期历史发展中形成的独特城市气质，也代表了中国在世界文明演进中曾经所达到的历史高度，是真正具有国际影响力的人类文明成果。2014

1　董耀会．长城学的几个基本理论问题 [C] // 罗哲文．长城国际学术研讨会论文集．长春：吉林人民出版社，1995.

金山岭长城（2017年）

年6月，北京与河北、山东、浙江、江苏等省联合申报的京杭大运河被正式确认为世界文化遗产。此外，北京还拥有国家重点文物保护单位138项，市级文物保护单位357项，区县级文物保护单位一千余项[1]。包括长城在内的历史文脉蕴藏着北京这座城市文明发展的独特轨迹，确立了鲜明的地理坐标，人们可以从传统化、民族化、地域化的内容和形式中感受到无穷的人文魅力。

中国是《保护世界文化和自然遗产公约》的坚定支持者和积极践行者。1985年12月12日中国正式加入《保护世界文化和自然遗产公约》，1999年10月29日当选为世界遗产委员会成员。此后，中国先后两次承办世界遗产大会，这也是中国在世界遗产保护领域承办的最高规格的国际会议，具有重要里程碑意义。第一次是2004年在苏州召开的第28届世界遗产委员会会议（世界遗产大会）。第二次是2021年在福州召开的第44届世界遗产大会。

1　根据北京市文物局网站数据整理，www.beijing.gov.cn.

多年来，中国把促进社会进步作为保护世界遗产的最终目的。从1987年长城、故宫等成为中国首批入选的世界遗产，到2021年以56项世界遗产位居世界前列；从2002年启动“抢救和保护中国人类口头和非物质遗产”工程，到2020年中国已有42个非物质文化遗产项目列入联合国教科文组织非物质文化遗产名录（册），位居世界第一，中国在不断探索一条符合自身国情的传统文化保护传承之路。与此同时，着力发挥世界文化和自然遗产在文化文明的交流中重要的桥梁作用。文化文明因交流而多彩，因互鉴而丰富。在国家与国家之间，最能叩开交流交往大门的，非文化莫属。近年来，中国的世界文化和自然遗产的身影频频出现在世界舞台上，让许许多多的外国人对于这个神秘的东方古国充满向往，纵然远隔山海，也能心灵相通、天涯比邻。正如气吞万里的长城，不仅有表面看到的奔腾跳跃，更有掩埋地下的遗址荒墩，虽然不同朝代的荒草已经一层又一层地将它覆盖，但作为“时间的遗骨”[1]，长城展现出的震撼人心的力量，恰是在传承与保护中，在更加广泛的文化和文明的交流互鉴中，让我们更坚定了以世界遗产项目推动构建人类命运共同体的强大信心。

上下两千年，纵横十万里

一眼千年，宛若初见。像长城这样历史悠久、规模浩大的建筑工程，在世界上绝无仅有。长城在2000多年的营造历史中，先后历经了中国古代的春秋战国、秦、汉、唐、明等12个历史时期。周幽王烽火戏诸侯是最早的关于长城的典故。早在公元前7世纪的春秋时代，楚国修筑了防御别国入侵的“楚方城”，揭开了中国历史上记载的长城修建的帷幕。春秋战国长城是中国统一的多民族国家形成之前部分诸侯国之间冲突的产物，见证了公元前7世纪至公元前3世纪中国北方农耕地区的地缘政治及其变化情况。

长城修建长度在万里以上的有秦、汉、明3个朝代，明朝是最后一个大规模修建长城的朝代，中国现存的长城遗迹主要为建于14至17世纪的明长城。

1　祝勇．双城记 · 长城记 [M]. 北京：紫禁城出版社，2009.

金山岭长城（2019年）

秦始皇时期真正形成了“万里长城”。秦长城西起临洮（今中国甘肃省），东至辽东，长度为5000多千米。战国时期，齐、魏、赵、秦、燕和中山等国相继修建了“诸侯互防长城”。其中，秦、赵、燕三国和北方强大的游牧民族匈奴毗邻，在修筑诸侯互防长城同时，又在北部修筑了“拒胡长城”。以后历代君王几乎都加固增修长城。秦统一后，废弃了隔离各国的长城，将秦、赵、燕北部边境的长城连接起来，并加以扩展和修缮，“万里长城”由此出现。

汉朝是中国历史上修筑长城最长的一个朝代。汉朝修筑的长城，西起今中国的新疆，东至辽东的内外长城和烽燧、亭障。汉代长城是在秦长城的基础上修筑起来的。汉高祖刘邦及文帝、景帝时期，面对匈奴的掠扰，修筑长城以抗匈奴。在收复了被匈奴占领的土地之后，扩大了秦长城的规模，并筑了外城，长度达到10000多千米。秦汉长城是中国历史上第一个大一统时期的重要产物，见证了公元前3世纪至公元3世纪中国北方农耕文明与游牧文明之间第一轮大规模冲突、交流与融合，自此产生了一整套国家军事防御制度以及与之相应的工程技术体系。

明朝修筑的长城全长6000多千米，西起嘉峪关，东至鸭绿江。因防御蒙古各部南下而前后大规模修建长城数十次，峻垣深壕，筑垒建隘，历时230多年。明长城在工程技术、整体规模等方面较之以前各历史时期有了显著提升，展现了中国古代在军事防御体系建设方面的最高成就，见证了公元14世纪至17世纪中国北方农耕、游牧、渔猎、畜牧等不同文明、文化之间的又一次大规模冲突、交流与融合。

线性世界文化遗产之最

长城是世界上体量、规模最大的线性文化遗产。历经2000余年的修建，它在总体上以线性空间形态展开，并以多单元、局部多重纵深的方式组合为防御体系。其建筑时而匍匐在山脊上蜿蜒前行，时而沿河流岸线平展布置，或穿梭于河谷山川之间，或以峻山险水为依托，将人工构筑的防御工事与自然屏障完美组合，构成了极为丰富的文化遗产和规模庞大的建筑遗产，其蕴含的历史价值、科学价值与艺术价值令世人瞩目。一般来说，线性文化遗产是指线状或带状的文化遗产区域，覆盖的范围大，遗产的种类多，反映的人类活动形式丰富，既有地域的特点，也有相互交流和交融积淀的历史。这些特点在长城都得到了充分体现。

长城之壮美，首先来源于它外部的巨大体量所形成的磅礴气势。2006年10月，中国国家文物局和国家测绘局共同开展长城资源调查测量工作。2007年5月，全面科学调查测量明长城的序幕拉开。2012年6月，中国国家文物局宣布，历经近5年的调查和认定，中国历代长城总长度为21196.18千米。其中，明长城的长度为8851.8千米。

反映长城这一巨型工程体量的另一个数据也很惊人：有人曾做过粗略统计，如果用修筑长城的砖石、土方来修筑一道高5米、厚1米的大墙，或是铺筑一条宽5米、厚40厘米的马路，那么这道墙可环绕地球赤道三四十周，这条马路可环绕地球赤道100多周。这还只是城墙的本身，如果加上关城、卫所、兵营、城堡、墩台、烽火台的砖石土方量，这道大墙和马路将绕地球数百周了，其工程量之大，可想而知。[1]

长城分布的区域范围十分广泛。经过历代的修建和增筑，长城遍布中国北方的大部分地区。现在中国北京、天津、河北、山西、内蒙古、辽宁、吉林、黑龙江、山东、河南、陕西、甘肃、青海、宁夏、新疆等省、自治区、直辖市都有古长城、烽火台的遗迹。其中，最早的长城遗存主要包括战国齐长城、秦长城、楚长城、燕长城、赵长城、魏长城、中山长城等，墙壕遗址总长约3100千米，主要分布于中国河北、山西、内蒙古、辽宁、山东、河南、陕西、甘肃、宁夏等省（区）。

广泛分布的长城承载着物质与非物质文化遗产的联系与变化，相互影响与交流，构成文化带上文化遗存的共性与特性、多样性和典型性，衍生出丰富多彩的面貌和内在的密切关联。历代长城相关的烽火台、城堡等各类长城遗址超过4万处。秦汉长城现存墙壕遗址总长近3700千米，现存墙壕遗存2100余段，单体建筑遗存近2600座，关、堡遗存近300座，相关设施遗存约10处，另有成体系的汉代烽火台遗存。其工艺以土墙、石墙为

1　罗哲文 . 长城史话 [M]. 北京 : 北京出版社 , 2018.

主，甘肃西部等地以芦苇、红柳、梭梭木加沙构筑方式较常见，烽火台除黄土夯筑外，还有土坯或土块垒砌做法。明长城现存墙壕遗存5200余段，单体建筑遗存约17500座，关、堡遗存约1300座，相关设施遗存140余处。东部地区明长城以砖墙（包土、包石、砖石混砌等）、石墙（毛石干垒、土石混筑、砌筑等）为主，西部地区则多为夯筑或堆土构筑。

总的来说，长城作为一个规模庞大的线性建筑，具有连续性、整合性和防御性的特点。长城的连续性既表现为时间的连续，也表现为设施的连续。长城的修建不是某个时代的产物，而是历史延续性的结果。长城墙体连绵延续，城墙与关隘、城堡、烽火台等建筑设施相互连接，连续设置。长城的整合性主要是指长城与所在区域的地势、地质、气候等自然环境相结合，融入社会文化、审美意象等人文环境特点，使长城建筑所选取的线路位置、建造式样、材料工艺以及要素布局关系更为完善，增强了长城在军事防御以及边境贸易、文化交流等方面的整体作用。长城的防御性与长城修筑的目的关联紧密。长城建筑水平极高，易守难攻、坚固耐久。与长城各司其职的建筑设施相对应的是逐步完善的军事制度。作为一个军事防御体系，长城在冷兵器时代发挥了巨大的作用。长城也因此征服了无数的游客，人们无不被长城那种气吞山河的气势所震撼。

金戈铁马的精华见证

“撩乱边愁听不尽，高高秋月照长城。”千百年来，巍峨雄伟的万里长城，见证了多少大漠边关的风霜雨雪，流传了多少金戈铁马的英雄故事。其中，北京的长城是万里长城最为精华之处，北京的长城长度约为573千米，是研究中国长城文化，研究中国建筑史不可忽略的重要对象。

根据2012年5月8日中国国家文物局关于北京市长城认定的批复，北京现存长城为北齐、明朝时期所筑。北齐天保元年（550），北齐政权占领了包括北京在内的北方东部地区。为防御北方游牧民族和西部的割据政权，北齐曾多次大规模地修筑长城，基本形成两条主防御线。其一为北方的外边，即由今山西西北至河北山海关；其二为内边重城，西起山西偏关，东至北京昌平。北齐文宣帝高洋在北齐

卧虎山长城（2017年）

天保七年（556）之前所修筑的长城，长达1500千米。规模之大，可以说是中国东晋十六国至南北朝近三百年时间里所建长城之最，动用的时间和劳力也最多，这道长城对后世的影响比较大。现存北齐长城主要分布在今辽宁、北京、河北、山西四地。在北齐所修筑的长城中，天保六年（555）、天保七年（556）、天统元年（565）所筑的三段长城穿行于北京，分别是天保六年修筑北京南口至大同段长城、天保七年修筑山西大同西北至渤海段长城、天统元年修筑北京古北口至山海关长城。除了当今北京境内的3段长城之外，北齐还在天保三年（552）、天保八年（557）、河清二年（563）对长城进行了修筑（表1-1-1）。

北京现存长城主要是明长城，很多段落是在北齐长城的基础上加以修筑的。在明代近三百年的历史中，长城的修筑贯穿始终，长城筑造工艺得到升级发展，长城的规模、坚固性都达到了顶峰。

由北齐长城和明长城共同组成的古北口长城，是中国长城史上最完整的长城体系。古北口长城位于今北京市密云区古北口镇东南，是燕山山脉中通向华北平原最大的一处关口，历

表1-1-1　现存北齐长城在北京分布一览表[1]

区	名称	位置
密云区	古北口镇潮关村北齐1号敌台	密云区古北口镇潮关村
密云区	古北口镇潮关村北齐2号敌台	密云区古北口镇潮关村
密云区	古北口镇潮关村北齐3号敌台	密云区古北口镇潮关村
密云区	古北口镇潮关村北齐长城	密云区古北口镇潮关村西北山上
密云区	古北口镇古北口村蟠龙山北齐长城	密云区古北口镇古北口村北蟠龙山
密云区	古北口镇司马台村北齐长城	密云区古北口镇司马台村北山上
平谷区	平谷区桃棚长城段1号烽火台	平谷区山东庄镇片石村南2000米
平谷区	平谷区桃棚长城段2号烽火台	山东庄镇桃棚村西南1200米
平谷区	平谷区桃棚长城段3号烽火台	山东庄镇桃棚村西2000米
平谷区	平谷区桃棚长城段4号烽火台	山东庄镇桃棚村北2000米
平谷区	平谷区桃棚长城段5号烽火台	山东庄镇桃棚村北2500米
平谷区	山东庄镇桃棚村北齐长城	起点：山东庄镇桃棚村西南约1000米 止点：山东庄镇桃棚村西南约1200米
昌平区	昌平区长陵镇北齐长城烽火台1号	昌平区长陵镇黑山寨村西北约3000米的山梁上
昌平区	昌平区长陵镇北齐长城烽火台2号	昌平区长陵镇辛庄村西北约3000米的山梁上
昌平区	昌平区流村镇马刨泉北齐长城	昌平区流村镇马刨泉村
昌平区	昌平区长陵镇大岭沟北齐长城	昌平区长陵镇（现十三陵镇）大岭沟村
延庆区	八达岭镇石峡段北齐长城	起点：八达岭镇石峡村西1100米 止点：八达岭镇石峡村西南1500米
怀柔区	渤海镇大榛峪村北齐长城	起点：渤海镇大榛峪村北700米 止点：渤海镇大榛峪村北1000米明长城200号敌台处

1　中国国家文物局. 关于北京市长城认定的批复 [EB/OL]. (2012-05-24) [2021-12-20]. https://www.ncha.gov.cn/art/2012/5/24/art_2237_23490.html.

续表

区	名称	位置
怀柔区	渤海镇沙峪北沟龙泉庄村北北齐长城	起点：渤海镇沙峪北沟龙泉庄村北东山200米 止点：渤海镇沙峪北沟龙泉庄村北西山200米
门头沟区	雁翅镇马套村北洋沟北齐长城	起点：雁翅镇马套村北洋沟墙体北端 止点：雁翅镇马套村北洋沟墙体南端
门头沟区	雁翅镇马套村旁路沟东台岭北齐长城	起点：门头沟区雁翅镇马套村西北山梁南端 止点：门头沟区雁翅镇马套村西北山梁北端
门头沟区	雁翅镇大村北西岭至德胜寺北齐长城	起点：雁翅镇大村北西岭东公路上 止点：雁翅镇大村德胜寺西山腰处
门头沟区	雁翅镇房梁村北齐长城	起点：雁翅镇房良村南岭尖 止点：雁翅镇房良村东岭梁
门头沟区	清水镇江水河村东灵山北齐长城	起点：东灵山顶主峰2303米标志处 止点：东灵山顶标志东南方向山脊墙体南端终点处

史上称之为“南控幽燕，北捍朔漠”，历来是兵家必争之地。北齐时期古北口就修筑了长城。明代元之后，沿北齐长城遗址的大致走向修筑长城，古北口即为名将徐达所修建的第一批关隘之一，还修建了古北口关城和配套的防御设施。[1]古北口是万里长城上战事繁多的关隘之一，有史可查的大小战役有138次。不仅有明史上著名的嘉靖“庚戌之变”，还有近现代1933年古北口长城抗战，古北口均为主战场。同时，古北口长城抗战也是电影《风云儿女》的主题歌《义勇军进行曲》创作的重要源泉。

司马台长城始建于北齐天保七年（556），明朝洪武初年和隆庆年间又重修，现存的长城建筑为明朝修建。司马台长城是明朝名将刘应节、谭纶

1　董耀会. 长城漫话 [M]. 北京：当代世界出版社，2017: 90.

古北口长城（2017年）

及抗倭名将戚继光等指挥设计和修建的。司马台长城属于明朝九边重镇之一的蓟州镇辖区，蓟州镇建立了墙子路、曹家路、古北口、石塘路和以石匣为中心的四个军营及重要关口，每路分负长城若干段的关隘和敌楼。终明一代，北京地区都面临着蒙古各部族的严重威胁，司马台长城具有至关重要的防御作用。防区内平时练兵，战时打仗，形成系统的战备防御工事。险峻的司马台长城集中了长城建筑的精华，也是保留明长城原貌最好的古建筑遗址，以“险、密、奇、巧、全”闻名于世，素有长城博物馆之称。英国的《泰晤士报》2012年曾将司马台长城评为“全球不容错过的25处风景之首”。

“北京结”是箭扣长城的一部分，为北齐时期始建，明朝初期重建。北京结原为田仙峪长城，“箭扣”是一个形象的比喻，位于今北京怀柔区，长城在此恰似一张满弓，搭着一支蓄势待发的箭矢。“北京结”是万里长城北京段一处极为特殊罕见的点位，即三边重镇汇聚之所、内外长城分界之枢。三镇长城汇聚之所，指明长城沿线的三个军事要镇——蓟州镇、昌平镇、宣府镇在此地交汇聚合；内外长城分界之枢，指长城从山海关向西，正是在此分成两路，一路沿西南到河北紫荆关、山西娘子关，另一路沿西北到张家口、大同、嘉峪关，形成内外两重长城，强化横亘北方军事体系的功能。“北京结”的命名最早来源于1985年，中国地质矿产部地质遥感中心采用航空遥感技术，对北京地区长城的空间分布格局进行了全面勘察，发现北京地区长城总的走向主要分为东西、北西两个体系，这个汇合点被命名为“北京结点”，简称“北京结”。此处长城以砖包墙为主，损坏不大，墙体高大，顶部较宽，城台密集，城墙比较连续完整，墙上女墙、垛口也比较齐全。“北京结”不仅在北京地区长城的分布格局上，而且在研究内外两大长城体系上都具有十分重要的意义。[1]

慕田峪长城始建于北齐时期，明洪武元年（1368）由朱元璋手下大将徐达在北齐长城遗址上督建而成，是明朝万里长城的精华所在。此段长城东连古北口，西接居庸关，自古以来就是拱卫京畿的军事要冲。永乐四年（1406），明成祖为解除北元卷土重来的威胁，下令迁都北京之后，因慕田峪恰好在居庸关至古北口之间，距北京仅50多千米，所以这一带长城的战略地位就显得重要起来，被称为“危岭雄关”，成为明代拥护京师和明皇陵的重要关口之一。隆庆三年（1569）明穆宗特命戚继光军对慕田峪段在内的两千里长城进行整修，不仅防御能力大大增强，而且气势更加雄伟。于隆庆五年（1571）秋建成遗存至今。慕田峪长城最大的特点是，城墙两面都修有箭垛，而不是一面有箭垛，这种独特的关台建筑，在万里长城上并不多见。这些独特的建筑造型融合于险要的自然地形之中，不仅具有很高的历史价值、科学价值，还具有鲜明的艺术价值和突出的观赏价值。

从北京长城的建制沿革看，有很多重要节点还可以追溯至更久远的历史。通过这些节点的空间分布、建筑形态、建造工艺，以及其承载的历史事件、文化交流、贸易往来、故事传说等，能进一步了解明长城甚至是北齐长城以外北京地区长城的修建与发展。

---

1 于书文 . 龙脊沧桑 : 行走怀柔古长城 [M]. 北京 : 中国文联出版社 , 2016.

司马台长城（2019年）

沿河城的军事设施工程始建于元末。沿河城长城位于今北京门头沟区境内永定河大峡谷中，南倚城子坨，北邻永定河。北京成为都城之后，沿河城地带战略地位凸显，地处内蒙古通往京师的要冲，辖关扼口，地险山雄，为兵家必争之地。沿河城守备防线充分地展示了依山势修边墙的特点，长城与山体融为一体，形成了内长城的突出特色。沿河城初因地处几个河汊和山谷沟口，名为三岔村，后因有军队驻防，改称沿河口，沿河城的城垣建成之后，百姓渐以“沿河城”呼之。沿河城的军事战略地位的提升源于两宗著名历史事件，即经历了土木之变和庚戌之变等事件之后，明历代统治者对蒙古族等少数民族异常警惕，对京西这一军事要冲更是刻意提防，着力加强军事设施的修建，这大大加强并推动了三岔村沿河口地区的发展。沿河城地区从元末至明清时期都多有驻军，直至1919年武营解散，之后没有再行驻军。明清守军在京西防御驻守期间，除了正常的军务之外，还流行养马于民和兴修庙宇寻求心理安慰、寄托思乡情怀等习俗。如今，沿河城城垣齐整，东西南北四门俱在。城内的一些建筑沧桑古朴，城内原有

沿河城（2020年）

庙宇十来座，但现大多无存，清代戏楼基本保持原样。城内留存不少古朴的山村四合小院，别具一格，有远离尘嚣的宁静与安详。大大小小十几方石碑记录了沿河城的历史，为后人留下了丰富的档案资料。

北京地区史料记载比较完整、可追溯的与长城修建相关的历史最早至春秋战国时期，这也是中国长城开始修筑的时期。居庸关一带早在春秋战国时期就已经构筑军事设施，当时各诸侯国之间建关设塞，战争越来越频繁，关塞检查越来越严格，在这种历史背景下，燕国在北方设立要塞，秦称“居庸塞”，在今居庸关的西北，包括昌平、延庆、怀来、宣化的一部分地区。西汉时期的“居庸关”，是居庸与军都之间的关口，只是一个关塞。东汉时期，开始设立关城，“居庸塞”改叫“居庸关”，距今已有近两千年的历史。北齐时期，居庸关与万里长城相结合，成为长城防线的重要关口。到元朝，居庸关的防御体系基本设施已经比较完备。在明朝200多年的历史中，居庸关长城修建达到了鼎盛时期，其主关城经过3次修建和扩建，发展成为长城沿线的一座兵城。当时，居庸关关城不仅有很大的军事物资储备能力和屯兵能力，而且商业、经济、文化也相当发达。清末以后，居庸关关城建筑逐渐荒废，但雄伟的关城及众多的历史遗迹，却为人们了解中国古代军事文化敞开了一个窗口。现存关城就是明代修建基础上屡经缮治保留下来的。早在1961年，位于关内的云台，就被国务院公布为第一批国家级风景名胜区；1987年联合国教科文组织将其列入世界文化遗产。1992年昌平十三陵特区办事处为保护文物，对关城建筑进行了全面修复，再现了昔日的雄姿。

据《史记》记载，八达岭长城的修筑可追溯到战国时期，曾先后在北魏太平真君七年（446）、北齐天保六年（555）修筑。自明朝弘治十八年（1505），对八达岭长城进行了长达八十余年的修建，共长1300多里。八达岭自古以来就是山西、内蒙古、张家口方向进入北京的交通要道和防卫前哨，素有“京北第一屏障”之称。历史上，北方游牧民族多次南下，想通过关沟进入北京小平原，但都到八达岭无功而返。明初设居庸千户所时，作为军事单位的八达岭，是居庸关千户所的北口前沿阵地，属北平都司管辖。其后驻防于此的部队，曾

八达岭长城（2021年）

分别隶属于长城九镇的蓟州镇和昌平镇。八达岭长城是明朝修建的最险峻的长城关隘。万里长城北京段坚固、雄伟、险峻的特点在八达岭得到完美体现，同时也集中反映了明代长城的修建技术和水平。八达岭长城是明长城开发利用及开放最早的长城段。1953年修复关城和部分城墙后开辟为游览区。1986年八达岭长城被评为新北京十六景之一，全国十大风景名胜之首。1992年被评为“北京旅游世界之最”中的第一名。八达岭长城之所以吸引了无数中外游人学者的眼光，除了其建筑宏伟和自然地理因素外，深层次的中华文明是其独具魅力的源泉。中国传统文化强调先礼后兵，主张以和平谈判的方式解决矛盾冲突，“非礼不动”“非危不战”的军事理念和思想在八达岭长城得到充分体现。

第二章

石头的史书与凝固的音乐

中国建筑艺术包罗万象，从江南园林的水墨柔情，到黄土窑洞的铿锵有力，从长城的雄伟壮观，到泉州“东方第一大港”22个遗产点背后的繁华，无不体现着中国深厚的文化积淀和东方独特的风土人情。从审美的角度看，长城完全可以被称作一件伟大的艺术作品，是中华民族精神、审美理想的象征。在这种审美的积淀中，一些在初始阶段为实用性目的所进行的设计，今天往往演变为巧夺天工的艺术构思[1]，可以反映出当时修筑长城的人们在思考其实用性的同时也有着极高水平的审美追求。长城整齐、流畅的墙体线条，以及方形、圆形、多角形等形态各异的敌楼，本身都具有很高的审美价值。尤其是关城城楼的设计与建造更具艺术匠心。它的城楼层数和高度、建筑的式样以及悬挂其上的横匾，都与整个关城处于一种整体的和谐之中，显得威严、雄伟、壮观。

1　杨辛，章启群. 关于长城的美学思考 [J]. 北京大学学报（哲学社会科学版），1996(2).

建筑被称为“石头的史书”和“凝固的音乐”。中国作为四大文明古国之一，悠久的历史文化孕育了辉煌的建筑文明。中国的传统建筑，以其规划严整的布局、天人合一的时空理念、重生知礼的观世精神而闻名。从距今六七千年前的陕西半坡遗址发掘的方形或圆形浅穴式房屋，到修建在崇山峻岭之上、蜿蜒万里的长城，都是人类建筑史上的奇迹，无不体现出中国古建筑独有的审美特质。

长城雄伟壮丽的建筑形态是我们认识长城之美最直观的载体。西方称长城为“The Great Wall”，直译为“伟大的墙”。实际上，长城空间形态的多样性和形成过程的复杂性，决定了长城这座巍然屹立、连绵起伏的“高墙”有着复杂的建筑形制。长城的建筑形制类型丰富、数不胜数。长城是中国古代由连续性墙体及配套的关隘、城堡、烽燧等构成体系的巨型军事防御工程[1]。

从长城的军事防御功能角度看，长城的建筑形制包括发挥御敌防守、信息传递和兵备供给三类功能的设施。墙体是基础建筑，墙体上或墙体一侧建有敌台，用以战斗、屯兵和瞭望；在沿边地带及山顶上、大路边设烽火台，用于报警；在交通要道处设置关隘，以此防御和便利交通，有些关隘附近建有城堡，驻扎戍守关隘的军队[2]。此外，在长城的兵备供给系统中还有一些边镇，它与关隘、城堡的功能类似，一般规模较大，由级别较高的将领驻守，发挥统帅城镇及其防区各路关隘和城堡的作用[3]。长城建筑形制可分为墙体、关堡、烽火台和其他相关遗存四类设施[4]（表1-2-1）。

墙体是集阻挡、据守、掩蔽等功能于一体的线式防御工事，是长城军事防御系统的主体部分。长城墙体在建筑功能、建造手段与形制上与中国古代的城墙具有相似性，明代称长城为边墙[5]，因此，也有把长城墙体称为

1　董耀会，贾辉铭 . 中国长城志 总述 · 大事记 [M]. 南京 : 江苏凤凰科学技术出版社 , 2016.

2　汤羽扬 . 中国长城志 · 建筑 [M]. 南京 : 江苏凤凰科学技术出版社 , 2016.

3　张玉坤 . 中国长城志 · 边镇 · 堡寨 · 关隘 [M]. 南京 : 江苏凤凰科学技术出版社 , 2016.

4　国家文物局 . 长城资源调查名称使用规范 [EB/OL]. (2017-05-22) [2021-12-20]. https://www.ncha.gov.cn/art/2017/5/22/art_2318_43428.html.

5　汤羽扬 . 中国长城志 · 建筑 [M]. 南京 : 江苏凤凰科学技术出版社 , 2016.

司马台长城（2021年）

边墙的说法。长城墙体的材质、尺度、结构丰富多样。

关隘也有关口、关寨之称，指筑有城、围的屯兵地，一般依托于墙体，也称为口[1]。与长城联合建设的“关”，不是一处卡口或一座堡寨的概念，而是以关隘为管理中心，管辖长城沿线某一区域内的墙体、敌台、烽火台、城堡等长城军事设施，保障商贸往来。

城堡有很多称谓，如城障、障城、镇城、障塞、城堡、寨、戍堡、边堡、军堡、屯堡、民堡等。《长城资源调查名称使用规范》把关堡设施规范为堡墙、护城河、城门、城楼、角楼等22类。

烽火台是长城沿线用于点燃传递重要信息的烽火高台，是长城防御工事的重要组成部分，多建筑于长城沿线两侧的险要之处或视野开阔的冈峦之上。烽火台又称墩台、烽堠、烟墩、狼烟台等。

1　国家文物局 . 长城资源调查名称使用规范 [EB/OL]. (2017-05-22) [2021-12-20]. https://www.ncha.gov.cn/art/2017/5/22/art_2318_43428.html.

表1-2-1　长城建筑形制相关设施统计表[1]

分类	标准定名	其他用名	说明
墙体	垛口	女口、雉堞、垛口墙	城墙顶部外侧连续凹凸的矮墙
	礌石孔	礌石口	城墙上释放滚木、礌石的孔洞
	瞭望孔	望孔	用于观察瞭望军情的小型口，一般开在垛口下部
	射孔		用于射杀、打击敌人的小型口
	女墙	宇墙、女儿墙、睥睨(垷)、女头墙	城墙顶上的矮墙，一般建于内侧
	排水设施		为排泄城墙顶面的积水，在城墙内侧修筑的排水沟和排水口
	障墙		为防止守城士兵暴露于敌人的视线和射程之内而构筑在墙体上横向防御的短墙
	马道		墙体内侧供人、马通行的道路
	登城步道		供士兵上下城墙的阶梯
	敌台	敌楼、墩台	突出于城墙的高台，可分为空心和实心两种
	马面	城垛、墙台、墙垛	依附于城墙外侧、与城墙同高的台子
	铺舍	楼橹、铺房	建于城墙或者敌台上，供守城士兵巡逻放哨时遮风避雨的建筑物，也是戍卒休息和储备军用物品的场所
	瓮城	月城	城门外侧加筑的突出于城墙外的城圈
	城门		在城墙墙体上开设的通道
	水门	水窦、水关	墙体上开设的排水设施
	暗门	便门	置于墙体内、外侧用于出入的小门

1　国家文物局，国家测绘局．长城资源调查工作手册 [EB/OL]. (2007-05-22) [2021-12-20]. https://www.ncha.gov.cn/art/2007/5/22/art_2318_43428.html.

续表

分类	标准定名	其他用名	说明
墙体	城楼	门楼、战棚、楼子、敌团、堞楼	建于长城墙体上用于瞭望和射击的建筑物
	其他		长城墙体上修建的其他设施
关堡（关隘城堡）	堡墙		围筑关堡的墙体，在其上构筑其他防御设施
	护城河		由人工挖凿，环绕关堡的防御用河
	城门		在城墙墙体上开设的供平时交通和战时攻敌出入的通道
	城楼	门楼、战棚、楼子、敌团、堞楼	长城墙体上的建筑物，有砖构、木构和砖木混合等类别，其主要功能为瞭望敌情和近距离射击敌人
	角楼		修建于城墙拐角处，用于观察、射击的楼台建筑
	马面	城垛、墙台、墙垛	突出于城墙的高台，可分为空心和实心两种
	瓮城	月城	城门外侧加筑的突出于城墙外的城圈
	罗城	外城	围筑于城墙外的城圈
	仓储	仓库、仓廪、粮草仓、神机库	储存粮草及其他物品的仓库
	衙署	官署、公廨	守城官吏处理公务的主要场所
	兵营		守城士兵的屯驻场所
	楼台		关堡内的钟楼、鼓楼、戏台、点将台等建筑
	桥涵		关堡内的桥梁、涵洞
	水井		堡内生产、生活用井
	街道		关堡内供人马通行的道路
	民居		关堡中具有典型性的传统居住场所
	店铺	商铺	进行商品贸易活动的场所

续表

分类	标准定名	其他用名	说明
关堡（关隘城堡）	庠学	儒学	教学活动场所
	牌楼	牌坊、坊表	表彰、纪念、导向或者标志作用的建筑物，包括牌坊、华表等
	作坊		从事手工业生产的场所
	庙宇		宗教祭祀场所、祠堂
	其他		关堡内的其他设施
烽火台	垛口	女口、雉堞	城墙顶部外侧连续凹凸的矮墙
	铺舍	楼橹	建于城墙或者敌台上，供守城士兵巡逻放哨时遮风避雨的建筑物，也是戍卒休息和储备军用物品的场所
	射孔	射口	用于射杀、打击敌人的小型口
	瞭望孔	望孔	用于观察瞭望军情的小型口，一般开在垛口下部
	排水孔	排水咀	伸出墙面与排水沟相接的排水口
	阶梯		登临烽火台顶部的通道，可以修建在烽火台上，也可以为可移动的梯子
	围墙	墩院	围绕在烽火台台体之外的墙体
	生活设施		库房、居住所、马圈、水井等
	报警设施		积薪、烟灶等
	其他		与烽火台相关的其他设施

从审美的角度看，长城又与其他亭台楼阁之类的古代建筑有所不同。首先，即便带有关城、烽火台等“装饰性”的元素，即便长城确实具有独特的审美风格特征，但它的御敌功用色彩非常浓厚。其次，长城为“城”，却又远离文化繁荣的城市，因此对长城之美的赞誉很难与其所处的自然环境截然分开。另外，长城之“美”很大程度上是山河景观的一个构成元

金山岭长城（2016年）

素，具有很强的“自然”性质。长城的建筑风格极为质实简朴，虽然设计构思上与其他大型建筑艺术相比没有那么精雕细琢，但长城的审美内涵仍然层次丰富，并因其特性而对北京城市气质的塑造产生很大影响。

延绵万里的律动音符

长城所具有的审美性质还在于，长城墙体充满了建筑的律动性。修筑于长城墙体之上的设施非常丰富，主要包括垛口、礌石孔、瞭望孔、射孔、女墙、排水设施、障墙、马道、登城步道、敌台、马面、铺舍、瓮城、城门、水门、暗门、城楼以及其他共18类，形成了墙体上的设施和墙体内外的防护设施。北京市文物局2009年公布的调查数据显示，北京的长城共有敌台1480座、马面43座、水关（门）52处、铺舍6座、其他单体建筑4座。

在不断的营建修葺中，长城的形态愈加丰富多变，带来了整体布局、走势的变化之美。长城全线有各种城关、楼台898座，平均每隔700米就有一处高于城体的建筑，丰富了观感。城关与城段在山峦之间交替出现，像乐章中的长音和休止符，像是诗句中舒缓的平声和激越的仄声，长城的形态虽简朴但并不缺乏韵味。

长城防御的主体部分是城墙。从长城墙体的类别看，可以分为土墙、石墙、砖墙、木障墙、山险墙、山险、

麒麟影壁（2021年）

河险、其他墙体8种类型。由于北京北部多山多石，北京长城的墙体主要用石料修筑，多以青石、条石或毛石砌面，以增加长城的坚固性和耐久性。根据地形和防御功能的需要，城墙沿着险要的山脊或平原险阻之处而建，构造十分复杂。平原或要隘之处城墙修筑得十分坚固，而高山险阻之处则较为低矮狭窄，甚至一些最为陡峭之处无法修筑，便采取了“山险墙”和“劈山墙”的办法。比如，北京密云区境内的司马台长城，分为东西两线，东线长城建在刀削斧劈似的山脊上，仅在2.7千米间，海拔从295米骤然上升至986米，直指云端。怀柔区境内的慕田峪长城一个显著的特点是墙体两面都竖起高大的垛口，可以两面御敌。八达岭长城则是雄伟壮观，墙体平均高七八米，地势较为平缓处的城墙甚至可达十米以上[1]。

在长城城墙上，每隔不远就有一个突出墙外、用以防御攻城之敌的敌楼。“敌楼的设置，是为了住兵和储存粮草、武器。没有敌楼，长城只是一道无人防守、徒具虚名的石墙。而在今天看来，敌楼却成为长城上美妙的景观，它就像气韵生动的植物的节，没有它，绵延万里的长城就显示不出

1　中国长城博物馆 . 北京长城历史与文化 [M]. 北京 : 北京教育出版社 , 2018.

内在的律动与节奏。如果把长城比作一件巨幅草书，敌楼就是线条流动之中的顿挫”[1]。

北京长城的敌楼分布密集，结构多元、造型独特。如司马台长城敌楼，仅观其顶部，就有平顶、穹隆顶、八角藻井顶等六种，墙体也有单边墙、双边墙、垛口障碍墙、单面墙、双面墙等七种，样式千变万化，有两层、三层、扁形、圆形、拐角形、两眼、三眼、四眼、六眼、二十四眼等，工匠结合实际环境及中国古代审美要求，建造出结构造型变化多样的敌楼。

金山岭长城以“险、密、全、巧、奇”著称，说的都是敌楼，或密集，或结构多样。造型按平面类型分，有方楼、长方楼和拐角楼；按建筑层数分，有两层楼和三层楼两种；按材质类型分，有砖石、砖木、砖石与砖木结合的类型；按敌台内部空间形式分，有拱券式、回廊式、穹隆式、无梁殿式、十字交叉式五种类型；按敌台楼橹建筑的形式分，有铺房和望亭两种形制，其中楼橹屋顶形式又有歇山、硬山和攒尖三种。

怀柔境内的空实结合式的敌台在万里长城中实属罕见。其中，慕田峪正关台由一个空心敌台和两个实心敌台组合而成，由于是三座敌台并行而立，因此被称为“三座楼”。九眼楼地处怀柔、延庆交界处，是万里长城中规模最大的敌楼，也是最具特色的敌楼之一。它是双层方形建筑，因每边有九个瞭望孔而得名，同时也是昌平镇、蓟州镇、宣府镇三个军事重镇接点，还是内外长城交会处，称“北京结”。

凭险制塞，扼守山河

长城的关口上都建有关城。关城一般修筑在重要的交通要道、峡谷之间，是与长城墙体相连的封闭性的城垣。关城大多随关口的地形和防御的需要布置，并根据其大小和地形设置二至四个城门。城门要按时打开和关闭，以便于行人商旅自由出入。战时城门紧闭，严实坚固，可以用极少的兵力进行抵御，可谓“一夫当关，万夫莫开”[2]。

1　杨辛，章启群．关于长城的美学思考 [J]. 北京大学学报 (哲学社会科学版), 1996(2).

2　杨辛，章启群．关于长城的美学思考 [J]. 北京大学学报 (哲学社会科学版), 1996(2).

北京地区多山多水，地形地貌复杂多样，为关隘的设立提供了得天独厚的条件。北京长城主要关隘的数量有50多个，密云区最多，约占40%[1]。扼守山坳，凭险制塞的一个典型代表是明代大将军徐达督建的居庸关长城。居庸关一带的太行山、军都山，山势奇雄，是守卫京城安全的天然屏障，两山之间形成峡谷，俗称“关沟”，此处草木茂盛、清流萦绕，也有“居庸叠翠”之称，是“燕京八景”之一。整个峡谷曲折幽深，处处险阻，两壁窄处仅可通单车匹马，宽阔处可建关屯兵。整个关沟既可以是通途，也可以是绝谷，得此地，既可以成为北国之南门，也可以成为南国之北门。建于山口的关隘还有一种特殊的形式，即以敌台、烽火台等长城军事设施作为关城，以此对关隘所辖区域进行监控守卫。此外，居庸路下的上关城、白羊城、长峪城、石峡峪口等关口也都分别控扼所在区域的交通要道。

长城的关城设计与建造也都独具艺术匠心。如居庸关关城呈圆周封闭型，周长4000余米，南北月城及城楼、敌楼等配套设施齐全。关城内还有衙署、庙宇、儒学等各种相关设施[2]。由一座主台和两侧耳台并立构成的慕田峪关城，坐落在山谷正中，它是入京重要通道，也是慕田峪边墙主线与支线的交叉点，因此地理交通位置十分重要，所以修筑防御性更强的敌台来作为关口，守卫长城周边防区。八达岭关城设东、西两座关门。关门墩台的下部用十余层花岗岩条石垒砌而成，上部垒砌大块的城砖，宽20多米，厚17米，高7.8米，城门洞顶砖石发券，宽3.9米，高5.06米，必须有高超的建筑技术，才能修建成如此大跨度的门洞[3]。

在北京段的长城上，在山口设关的关隘还有平谷区的镇罗营关、障作里关、灰峪口寨、鱼子山寨4个关口，密云区灰峪口、小台儿寨、二道口等50个关口，怀柔区神堂峪口、慕田峪关等18个关口，昌平区及延庆区门家峪口、德胜口等20个关口，门头沟区西小龙门口、洪水口等10个关口。

北京长城的关隘不止设于山口、

1　北京市地方志编纂委员会 . 北京志 · 世界文化遗产卷 · 长城志 [M]. 北京 : 北京出版社 , 2008.

2　中国长城博物馆 . 北京长城历史与文化 [M]. 北京 : 北京教育出版社 , 2018.

3　中国长城博物馆 . 北京长城历史与文化 [M]. 北京 : 北京教育出版社 , 2018.

陈家堡长城（2021年）

扼守山坳，还有一小部分关隘设于山顶，占据制高点，极目远眺，观察敌情。慕田峪关在山势最高点的“刀把楼”，黄花城长城关隘修建于山顶，它身处险要，明代蔡凯将军将背面的高山纳入长城以内，形成倒“V”形的长城。

在山口所设的关隘是旱关，在河口之地设的关隘则为水关。水关是明长城特有的一种关隘形式。水关关隘通过结合河流、湖泊、沼泽与海洋等水环境而形成，利用水体的流通性，除发挥戍守长城沿线水运要道、控制水运交通军事防御作用以外，还对维持有序的对外贸易、征收税款有着重要的意义。北京长城有很多关隘临河而设，如平谷区的黄松峪关、北水峪关，密云区的墙子岭关、黄门口，怀柔区的大水峪口、河防口等。

“亦守亦耕”话城堡

城堡是中国传统设防聚落中的一种建筑形态，“堡”体现了中国传统文化中的防卫观念。堡与关隘的区别在于与长城墙体不发生直接关联，一般指筑有城、围的屯兵、居住地，具有防御和居住功能，属于“亦守亦居亦耕”之所，是长城防御系统中的重要组成部分。

所有的城堡都由城墙和城门组成，且一般的城堡平面设置为方形，也会根据地形的变化而进行调整，因而衍生出各种形状的城堡。由于北京长城所处地形复杂多变，因此其形状也大不相同。建在平地处的城堡城墙，其墙顶呈水平线状；建在较平缓坡地上的城墙，墙顶随山坡形状呈一条起伏的曲线；在坡度较大的地方，墙顶就被修成台阶状，叠落式呈现。

北京长城沿线城堡分为军堡和民堡。军堡供驻守长城军士居住使用，一般选择在长城内侧靠近关寨河谷缓坡之地，占领军事要冲，为长城防御体系提供了重要的军事储备。军堡按照军事职能分级，包括镇城、卫城、路城、所城、堡城；根据城堡的形式分为堡垒、堡寨、堡壁、堡聚等。民堡是为避战乱而修建的城堡，所处位置一般地势平坦、适宜耕种，能满足村民基本生活要求即可。

以北京密云段和延庆段城堡为例，城堡的形状各异，有方形、长方形、不规则多边形、前后花园型，几乎没有大小或形状完全一致的城堡，城堡城墙高度也会随地形变化而变化，这些都是根据当地的地理环境特点形成的形制特色。延庆区的花家窑城堡周边有许多烽火台，应为军堡，修筑于长城沿线，且位于山谷，所在区域地势平坦，利于耕种。有的城堡选择“居高防御”，同时又在那些山顶较平坦处修建，以满足驻军和修城的场地需要。延庆岔道城东北营城城堡，修筑位置选在海拔较高且较平缓的山顶之上，宜守宜耕。还有主要用来屯军马的城堡，其军事防御作用较小，这些军堡和大部分村堡都修建在平原地区，肥沃的土壤、充足的水源即可满足此类城堡选址条件，如延庆马营城堡，处于妫水河冲积平原之所，适宜军民耕种生活。

“狼烟”与“烽火”

曾经烽火连天起，今日巍巍雄风在。长城上的烽火台早期被称为“烽燧”。“烽”是白昼燃烟，“燧”为夜间举火。早在商周时期，烽燧就被用作军事预警防御设施。在冷兵器时代，如遇敌情，白天燃烟，夜间举火，台台相连，传递信息。直到明代，烽燧被正式命名为“烽火台”。据称，古代边防兵发现敌情时就会在烽火台点

烽火台（2021年）

燃狼粪进而发出烟火信号。唐段成式《酉阳杂俎·毛篇》:“狼粪烟直上，烽火用之。”古代边防用狼粪燃烧生烟以报警。《资治通鉴·后汉高祖天福十二年》:“契丹焚其市邑，一日狼烟百余举。”胡三省注:“陆佃《埤雅》曰:古之烽火用狼粪，取其烟直而聚，虽风吹之不斜。”同时，狼又是古代匈奴、突厥、吐蕃等民族共同崇尚的图腾。其军队在当时被汉族民众称为“狼兵”，其君主被称为“狼主”。因此，古人把这些民族入侵中原时燃起的烽火信号称作“狼烟”。

烽火台一般是独立的建筑，是因地制宜建造的，有用夯土打筑的、有用石块垒砌的、有用砖石砌筑的，也有里面夯土外面用砖包砌的。烽火台的形状因年代、地区不同而不同，大体为方形和圆形两种。北京长城军事要冲附近都修筑有烽火台，以巩固长城防御系统。在长城沿线地势陡峭之处，为更快更准地观察与传递军情，烽火台多建在视野较好的高山顶上，以利用好地形，控制住制高点。这些烽火台之间的距离相对较远，有些烽火台之间的距离就是山顶与山顶之间的距离。在长城沿线较为平缓的地带，烽火台的修筑就会相对密集，以保证相邻之间的烽火台可以在视线范围内。在八达岭关城外山地与盆地交接的地带就有间隔50米一字排开的几十座烽火台。

在长城城墙以内，关隘、镇所、郡县之间也多设有烽火台，其功能是组织反击作战、坚壁清野。北京长城城堡较多，烽火台在城堡周边分布也较为普遍。如延庆岔道城东北营城，该城堡位于一段土边长城线上，四面环山，周边共有八个烽火台，其中五个烽火台基本在长城线上，另外三个分布在周围。密集分布的烽火台连成一线，共同构成了严密的军情传递网，确保以最快的速度将敌情及时传递到周边关隘或城堡。明代的烽火台除了放烽、燃烟外，还增加了鸣炮制度，而且在点火放烟时加入硫黄、硝石助燃，增加燃烧时间。根据敌军的多少，对燃放号炮的数量也有明确的规定，敌军100人左右燃一烟鸣一炮；500人左右燃两烟鸣两炮；1000人以上燃三烟鸣三炮；5000人以上燃四烟鸣四炮；10000人以上燃五烟鸣五炮，台台相传，使得位于远处的指挥中心能知晓外敌数量，根据情况调兵遣将。由此，明代的烽火台结合了人的视觉与听觉来进行军情传递。

第三章

艺术之美，非可道之道

长城既坚固，又美观。很多修建长城的材料和方法时至今日还在使用。长城修筑在功能“至上”的同时，工匠们还花了精妙的心思对长城加以装饰。工艺之道臻于至极时一定是物我两忘，是制造者一点一滴做出来的无可言说的玄妙，是观赏者年复一年品出来的唯其自知的情怀，体现了人类对美的普遍而朴素的追求。

单体形象融于群体序列

建筑不仅仅是一种技术，而且是一门艺术。建筑艺术是由空间和实体构成的艺术，它蕴含形式美的规律，并通过视觉给人以美感。中国古代建筑在中国古代传统文化的土壤中生长、发展，体现出高超的技术和精湛的艺术，具有科学性、适用性、艺术性和文化性的特征。

中国古代建筑的发展是建立于经济、手工业和科学技术发展之上的，建筑构造和造型技术达到了很高的水平。中国古代建筑的一个鲜明特点是单体形象融于群体序列。中国古代的单体建筑形式比较简单，大部分是定型化的式样，孤立的单体建筑不构成完整的艺术形象，建筑的艺术效果主要依靠群体序列来形成。

中国古代非常重视建筑环境整体经营。从春秋战国开始，中国就有了这样的观念。古代城市都讲求环境与建筑的关系，注重城市本体与周围环境的统一。其他建筑体系更强调人工与自然的对比，中国古代建筑基于与自然高度协同的中国文化精神，更加强调建筑镶嵌在自然中，仿佛是大自然的一个有机组成部分。

构造技术与艺术形象统一也是中国古代建筑讲求的原则，中国古代建筑很大程度上表现为一种造型美与结构美。中国古代建筑经过长时期的努力，同时吸收了中国其他传统艺术，特别是绘画、雕刻、工艺美术等造型艺术的特点，创造了丰富多彩的艺术形象，并在这方面形成了不少特点，比如，富有装饰性的屋顶，衬托性建筑的应用等。艺术灵感激发科技技法，科技工艺又开启艺术的进一步幻想。科技与艺术这两者孪生的历史进程，使得中国古代建筑表现出文化的性格，成为传世的奇迹，受到世人的激赏。

中国古代建筑通过技艺磨砺所追求的工艺之美，在长城这一巨型工程上体现得淋漓尽致。就长城而言，科技与艺术犹如“车之两轮、鸟之双翼”，可谓之“物如秋水波涛静，品似春山蕴藉深”。科技让文化更加有表现内涵，让平凡的平面、普通的墙体，变成了不平凡的空间，变成了不寻常的墙体，让走进长城的人们，能够更加深切地感受到文化的变幻和生命的轮回，就像艺术从不拒绝技术，器物的外层需要精刻的装饰，但最内在的还是以习俗理念、价值观念、精神追求作为第一标准，从而在中华文明的时空里彰显其独特的文化魅力。

一砖一石砌长城

历代长城的修筑大多是在前朝的基础上进行完善。从春秋战国时期开始，历朝历代不断地垒砌修筑，使得长城的规模不断扩大。在此过程中，中国古代劳动人民修筑长城的工艺愈加精良，修筑经验也愈加丰富。北京长城在修筑之时结合周边的地形地理环境，整体营造工艺与长城军事防御系统相适应，逐渐形成了北京长城的结构特征和美学特色，也反映出了中国古代经济社会的发展水平。

长城所使用的建筑材料与长城沿

黄崖关长城（2021年）

线的地理环境紧密相关，每个地区的长城段都是各具特色，有土墙、石墙、草墙、砖墙等建筑结构。北京的长城，逶迤于崇山峻岭之上，要与山石浑然一体，因此它主要采用砖石结构，修筑施工中有专门设置的采石场。在密云区小水域城段，发现在8号敌台南侧的一块巨石上部，有3个人为凿成的撑楔孔，每孔长约10厘米，孔间距13厘米左右，这成为就地取材用石料修长城的证明。延庆区八达岭镇东沟旧村南1000米台地上的东沟段长城也有采石场遗址，采石场距关口100米，面积约150米，也是当时修筑长城采石留下的遗址。

北京地区还发现了大量长城砖窑遗址，这些砖窑遗址的发现对研究古长城的修筑历史和建筑材料有重大的历史意义和科学价值。砖砌长城最早见于明长城，在一些军事要塞、关隘等处都使用砖砌，尤其是空心敌台的修筑使用大量的砖，砖砌长城比其他材料的长城防御性更强。明长城的砖砌边墙，并不是内外侧都是砖砌的，而是内为夯土、石头，或土石混合为心的外包砖墙，或将砖砌于石墙或土

响水湖长城（2021年）

墙上部叠压，以实现对原有墙体的补砌改造。砖包墙的做法除了内外两侧用砖砌筑外，还可仅在墙的外侧砌砖，墙里侧用毛石砌筑，形成单面包砖的边墙。

怀柔区田仙峪村曾发现几十个大小不等的明代长城砖窑。据当地老人回忆，这些砖窑中的大窑高4米，小窑高3米，直径2—3米不等，大窑一次可烧制3000块长城砖，小窑一次可烧制2000块城砖，此外当地还发现了许多刻有年代和驻军营造的城砖，如“万历五年石塘营造”“河间营造”等。据推测，这里所烧制的青砖主要用于修缮慕田峪至箭扣一带的长城。在延庆区大庄科乡香屯村北山脚下还发现两座砖窑遗址，窑高4米，直径3米，呈圆筒状，此窑主要是明代为修缮怀柔黄花城至延庆东三岔折断砖石长城烧砖用的窑址。密云区在第二次文物普查时，在16个村中发现50多座明代砖窑遗址，每个遗址上的砖窑有几个到十几个不等，其中包括司马台砖窑址、三道河村砖窑址、墙子路砖窑址、花园村砖窑址等，这些窑址大多呈圆形，内部还存有已烧好的长城砖。此外，还在西田各庄镇白道峪村的清水沿发现石灰窑。

班军制度与营建工艺

长城连续修筑时间之长，工程量之大，施工之艰巨，历史文化内涵之丰富，的确是世界其他古代工程中罕见的。为了保障这项浩大工程的进行，形成了完善的班军制度。据《明史·兵志》记载，明永乐年间（1403—1424），把修筑长城的军队划分为不同班次，为了不耽误农业生产，“毕农而来，先农务遣归”。一般是将北京附近，如山东、河南等地的军队分为春、秋两班。春班三月到工地修筑长城，八月回去；秋班九月接替春班继续修筑，到来年二月再回去，这种士兵轮换修筑长城的制度就是班军制度。

那么，在不借助大型机械设备的情况下，修筑长城的那么多砖石是怎么运到高山峻岭之上的呢？第一种也是最主要的运输方式是以班军制为基础的有组织的人力运输，修筑长城所用的石块、砖、木材、石灰等，大多是通过人力挑、抬、扛等方式运送，当遇到难以行走的地方时，人们会排成长队，用传递的方法把材料传送到施工处。

在修筑门头沟区的沿河城时，当地军民仅靠人力，用最原始的方法，堆土成山，城垒多高，土堆多高，利用土堆、土山的斜坡斜面，把成百上千斤的巨石垒成了沿河城，整个过程只用了数月时间。沿河城成为中国华北地区唯一一座石头城，不得不说是建筑史上的一个伟大奇迹。

第二种是机具运输，使用的机具都比较简单，有各式各样的推车、绞车、滚木、滑轮和轮轴等。并且在不同的地理环境用不同的机具，如在平缓山坡处用推车运输材料，在运送巨石上山时会用到滚木和撬棍，在跨越深沟峡谷时还可利用绳索即“飞筐走索”的方法，运送材料。

第三种是畜力运输，北京长城也有很多是在悬崖险峰上修筑的，人空手都难以攀爬，更不用说要背负着沉重的石料砖块。有一种说法，在修筑八达岭高山之上的长城时，人们把建筑材料装筐，将其拴在善于攀爬的毛驴或山羊身上，然后把它们轰赶上山，以此解决向险路运输的难题。

高品质的建筑往往都有着精湛的工艺技术，作为世界“新七大奇迹”之一的长城，比同时期的建筑更加注重建筑营造工艺，将修筑长城所用的石、砖、土等建筑材料进行组合。目前资料多认为北京长城主体城墙以石灰灌浆作黏合剂砌巨砖而成。但也有资料表明，早在秦代修筑长城的工程中，已采用“糯米汁砌筑砖石”。事实上，石灰掺有机物黏性添加料是中国古代建筑黏合剂发展中一个鲜明的特点，如石灰—糯米、石灰—桐油、石灰—血料，以及石灰—糯米—明矾等。

修筑长城是一项系统工程，科学地规划、组织和分工是关键环节。有很多记载长城的石碑石刻，还原了当时的历史，让我们能够了解古人在修筑长城这项浩大工程中所展示的才智。目前遗存的碑刻传达出这样一些信息。比如，工程负责人均为督抚一级的高级官员；修城人员来自全国各地；修城人员组织严密，分工明确，管理科学；长城修筑工程不仅是修边墙、建敌台，还包括造林、垦荒和营房、铺房、办公用房等基础设施的建设等。可见，历代长城修筑规模宏大且任务艰巨，不可能凭少数人力就可以完成，施工和后勤保障都需要大量的劳动力，而且还需要对劳动力进行科学的调配管理。长城修筑的人力组织行为、管理的思想与方式深刻反映其所依赖的社会与文化背景，深深地镌刻着民族文化的烙印，有其不可阻断的继承性和延续性。

修筑长城主要有三方面的人力来源：一是军队，也就是守边士卒；二是民夫，也就是按照封建法律被征徭役的百姓；三是充军的罪犯。但想要将上百万的劳力合理分工管理也不是一件容易的事情。因此，当时采取的管理方法是与防守任务相统一，即分区、分片、分段包干，如汉朝河西四郡，即武威、张掖、酒泉、敦煌的长城就是由四郡的郡守负责各自管辖区域内的长城修筑任务，任务再由郡分到各段、各防守据点的戍边士卒身上，层层分段包干。如果有更大的工程如关城的修筑则由郡守调集力量去修筑，朝廷也会从全国各地征调军队、募集劳动力到长城重点修筑地区去修筑。明朝时长城沿线设11个重要的军事辖区“镇”来组织劳力管辖长城，同时也承担修筑、修缮长城的任务。

一隙之地的美学意蕴

法国雕刻家罗丹说：“生活中不是缺少美，而是缺少发现美的眼睛。”中国自古就有“无刻不成屋，有刻斯为贵”的说法。雕刻，是一种中国民间艺术，工匠们在木石砖瓦上雕以图案、花纹，雕刻方法复杂多样，风格

沿河城长城（2020年）

古典而清雅，为中国建筑增添了一道独特的风景线。

过去曾有人认为长城只是一项防御工程，没有多少工艺可言。其实不然。长城除了拥有雄伟壮观、巧妙布局、因材结构等建筑艺术特色之外，在装饰艺术上也有很高的成就。所以，长城修筑也不是简单的砖石垒砌，其中蕴含着中国古代建筑的传统艺术审美。任何一座建筑，如果是一味重复、毫无变化，就根本谈不上有艺术价值。长城的建筑之美，无处不在。每当步入其间，最让人感到惊艳的，往往是那些看似寻常却精心雕刻的一砖一石。长城之上那些随处可见的砖雕、石刻，共同构成了一幅幅具有中国意蕴的画卷，将千百年来的风雨故事娓娓道来……

金山岭长城（2020年）

在长城上，墙顶与垛口的交接之处，往往砌出菱角花牙子边饰，在射孔、礌石口处做成壶门或其他雕饰，在吐水槽、滴水尖等处，凡是有一隙之地，那些爱美的雕刻家们都不放过，大显身手加以点化装饰，使戍边将士在艰苦的戍边守望之余也有美的享受。在山西忻州市代县雁门关、大同市新荣区得胜口等处敌楼的檐上现在还保存了明代雕刻家们留下的垂花门楼砖雕艺术。其雕刻之精美富丽，足以与一些皇家、王府工程相媲美。长城的排水系统大体上分为排水沟与吐水嘴两大部分。排水沟修建于城墙走道两侧，是一条狭长的凹地，当下雨时，雨水顺方砖流入凹地（排水沟），再由吐水嘴排出墙外。吐水嘴由石匠雕凿成兽头状，这再次说明古人不仅考虑到长城的实用性，对其建筑艺术性也十分重视。

长城石刻也以其独特的艺术形式成为长城文化最有价值的物化见证。北京平谷境内的四方长城刻石、怀柔长城沿线的多处摩崖石刻、密云雾灵山上时间跨度200多年的刻石……大量或完整或残缺或字迹漫漶的历史物件，历经数百年沧桑，从遥远的过去走到今天，告诉我们关于长城的话题、关于历史的变迁和时代的沿革。跟随着这些刻石，就能解读出背后的尘烟往事和文化内涵。

万里长城所蕴藏的中华民族光辉灿烂的文化艺术内涵十分丰富，除了城墙、关城、镇城、烽火台等本身的建筑布局、造型、雕饰、绘画等建筑艺术之外，还有诗词歌赋、民间文学、戏曲说唱等。黑格尔说，“美的最高境界是诗歌，它不再以有形物而是靠观念来传达思想，这就达到了‘容有限于无限之中’。犹如我们观赏一座美的建筑或建筑群体时，不再是满足于建筑的外形带给我们的感受，而更享受来自建筑的内涵所传达给我们某种诗的情趣”。长城的中国意蕴，也深藏在古往今来多少帝王将相、戍边士卒、骚人墨客为长城留下的不朽篇章之中。

明代北京著名的文学艺术家李东阳在《送唐都宪出镇蓟州诸关》中有这样的描述：“居庸东下接榆关，千尺层城万仞山。秋有桑麻生事足，夜无烽火戍楼闲。帐前貔虎知严令，岁晚风霜识壮颜。略试一方经济手，归来重补旧朝班。”此诗通过描绘长城所处的巍峨山势和城墙的高远之状，表现了和平时代中长城的静态之美，

居庸关长城（2021年）

也隐含着在长城的护卫下人民安居乐业的满足感。

明代极具个性的艺术家、诗人徐渭在《边词》中这样吟咏："十八盘山北去赊，顺川流水落南涯。真冯一堵边墙土，画断乾坤作两家。"一、二句状写边塞长城之景，在高度凝练的写景之辞中呈现出情在景中的深邃意境。三、四句转为历史思考，观长城而引发了诗人关于长城人文价值的叩问：一城相隔，疆土二分，这难道是长城的最终使命？字里行间隐含着诗人关于和平统一、天下一家的企盼之情。

北京长城具有不同的审美形态，既有简约之美，亦有变化之美。由于地形的特殊限制，长城建在山岭之巅，呈现为连续不断的一线之景，可谓"长留黛色照高穹"（出自明代诗人邹缉《居庸叠翠》）。徐渭则在《八达岭》一诗中这样写道，"八达高坡百尺强，径连大漠去荒荒。舆幢尽日山油碧，戍堡终年雾噀黄"，同样体现了长城的简约之美。

经历风雨的长城自然不乏古朴沉郁的厚重之美和思古哀今的悲剧之美。许鸣鹤《居庸叠翠》咏道："万壑烟岚春雨后，千峰苍翠夕阳中。"黄洪宪《山海关》诗曰："长城古堞俯沧瀛，百二河山拥上京"，便体现着古朴沉郁之美。修建长城的民夫血泪、战守长城的将士尸骨，让燕赵悲歌的旋律一直萦绕在长城的烽火狼烟之中。李梦阳《朝饮马送陈子出塞》中吟唱道，“水咸草枯马不食，行人痛哭长城下。城边白骨借问谁？云是今年筑城者……城南城北秋草白，愁云日暮鸣胡鞭”，便是悲剧之美的呈现。

明末清初思想家顾炎武，遍游华北，并远赴塞外考察地理情况。他在古北口考察地形时曾作《古北口四首》，其中尤以第四首最为有名，诗云：“雾灵山上杂花生，山下流泉入塞声。却恨不逢张少保，碛南犹筑受降城。”诗的前两句描写了古北口关防的悲凉、寂静之景，后两句诗人借景抒情，抒发自己的感慨。整首诗写得沉郁、苍凉、悲壮，充满了诗人对国家兴亡强烈的责任感。

登临长城，亦不乏超越自然、超越自我的豪迈之美。例如谢榛《居庸关》诗曰：“控海幽燕地，弯弓豪侠儿。秋山牧马处，朔塞用兵时。岭断云飞迥，关长鸟度迟。当朝有魏尚，复此驻旌旗。”诗人通过抒写登临长城之感，使长城所独有的睥睨人境、雄视古今的态势与自己的主体意识结合，生动地体现了长城所催生的双重超越之感。

徐达和戚继光则是修筑长城中的两位重要人物，他们与北京文化及长城的审美风格之关系虽不可牵强比附，但二人同为文韬武略兼备的明朝重臣，从二人身上也不难窥见一定的审美意义。被朱元璋赞为“万里长城”的徐达“长身，伟貌，刚毅，英武”，同时“延礼儒士，说古兵法”。徐达于洪武元年（1368）率军从通州攻入元大都以后，受命主持建筑北京周边的长城。北京长城的第一大关居庸关就建于徐达之手。戚继光则自幼便“倜傥负奇气。家贫，好读书，通经史大义”。戚继光是从隆庆元年（1567）开始指挥对自山海关到居庸关的长城进行大规模改建，古北口、八达岭、慕田峪、金山岭（包括司马台）长城的修建都与其有关。[1]

1 王南．徐达戚继光参与修建长城对明代北京之美有何重要影响 [N]. 北京晚报，2018-05-29(9).

第四章 千里江山万里城

城市在时间的不断累积中形成独特的历史文化系统，在空间的布局扩张中形成典型的地域文化特征，城市的发展体现社会文明与人类智慧的发展进程。北京城被称为世界城市史上的“无与伦比的杰作”，是中国古代都城建设的“最后结晶”。以故宫、长城、天坛、颐和园等为代表的世界文化遗产是北京历史文脉的核心要素。在中国，城市的出现，以城墙的建造为标志。都城与长城，被称为双城，而长城横亘于中国广袤的大地上，与都城及边塞构成千里江山万里城的多重防御体系，成为拱卫首都最为强大的屏障。

都与城的唇齿相依

北京市，简称京，旧称“燕京”“幽州”“北平”，是中华人民共和国的首都、直辖市和国家中心城市，中国政治、文化和国际交往中心，科技创新中心，中华人民共和国中央政府所在地。北京是中国“四大古都”之一，拥有7项世界文化遗产，是世界上拥有文化遗产项目数最多的城市，拥有故宫、长城等众多历史名胜古迹和人文景观。2015年7月31日，国际奥委会主席巴赫宣布北京携手张家口获得2022年冬季奥林匹克运动会的举办权。北京由此成为全球首个既举办过夏季奥运会又即将举办冬季奥运会的城市。

北京是一座有着三千余年建城历史、八百六十余年建都史的历史文化名城，北京的老城区，则是这悠久历史和灿烂文明的见证者，其规划设计代表了中国古代城市建设的最高成就。它由护城河环绕内、外城墙，形成一个整齐的“凸”字形，紫禁城是它的中心。除了西北角略微退进一个小角外，全城布局基本上左右对称。它自北向南存在着纵贯全城的中轴线。北起钟鼓楼、过景山、穿神武门，直达皇城的中心三大殿，然后出午门、天安门、金水桥、正阳门直至永定门，全长达八千米，表现出人和天地自然无比的亲近关系，建筑群体显示出清晰的理性精神。

今天的北京，基本沿袭着明朝北京城的格局，而明朝北京城的格局则是承袭了元大都城的格局。其“中轴对称、平缓开阔、轮廓丰富、节律有序”的特点，集中体现了中国传统的规划建设的精髓，即“方、正、组、圆”。“方”就是方九里、旁三门的方形城市，以及方形建筑和方形布局。“正”是整齐、有序、中轴对称。“组”是由简单的个体，沿水平方向铺展出复杂丰富的群体。“圆”则代表天体、宇宙、日月、星辰，如天坛、地坛、日坛、月坛。同时，又始终贯彻人为万物之灵的“人体”意识，追求现实的生活理想和艺术情趣，从而创建出“天人合一”及“我以天地为栋宇”的融合境界。

建筑学家梁思成先生曾这样论述北京城的布局，“北京向我们证明了我们的民族在适应自然、控制自然、改变自然的实践中，有着多么光辉的成就。这样一个城市是一个举世无匹的杰作”。北京城的布局和建设，也引起了世界各国建筑学家们的无限赞叹，被称为世界建筑奇观之一。因此，北京在加快现代化建设的同时，十分注重保护古都风貌和历史文物。1990年，北京市人民政府公布第一批历史文化保护区，共25片。1999年，北京市人民政府公布《北京旧城历史文化保护区保护和控制范围规划》，重新划定了25片历史文化保护区，并划定保护和控制范围。2002年，北京市

金山岭长城（2020年春）

金山岭长城（2020年夏）

人民政府批准了北京市规划委员会组织编制的《北京旧城25片历史文化保护区保护规划》。这些街区涵盖了北京老城区的全部精华，对这些街区的保护使得北京城格局的经典模式得以留存。

北京城之美感体现为庄严整饬、高贵大气，而正是长城所具备的丰富美感给北京这一审美格调奠定了基础，渲染了雄浑壮阔的氛围。如果没有这条横亘的“城”，作为大国之“都”的审美文化的心理依据中或许会减少几分自信和豪气，作为首善之区的建造风格大概也会在雄奇博大和深沉厚重方面有一定程度的弱化。就这一点来说，“都”与“城”在唇齿相依中，早已被历史所定义。

蓟燕都史，长城印迹

北京作为城市的历史可以追溯到3000年前。北京有史可查的第一个名称为“蓟”，是春秋战国时燕国的都城。辽金是将北京作为陪都，称为燕京。金灭辽后，迁都于此，称中都。元代改称大都。明成祖朱棣从南京迁都于此，改称“北京”。名称一直沿用至今。秦汉以来，北京地区一直是中国北方的军事和商业重镇。

据历史文献记载，长城最早修筑于公元前7世纪，考古证明至少在公元前5世纪的春秋末期、战国初期长城就已经存在。从北京城3000余年的历史沿革中，寻找到长城修筑的印记，能进一步把握和理解北京城与长城之间的联系与其相互之间的影响。

三千年前的北京，第一次作为都城登上了历史舞台。公元前1046年，周武王建立西周王朝，分封国土，天下并立起许多个诸侯国，其中燕、蓟两国就位于今天的北京地区。后来，燕国逐渐强大，合并蓟，并将蓟作为都城。建城之始，燕都蓟城设置关塞修筑长城。数百年后，燕都蓟城成为东周名城，有“富冠天下”之说。

战国时期，诸侯国之间常常发生战争，各国之间为了彼此防御而广泛修筑长城，并在边境和交通要道上设置关塞，驻兵把守。“战国七雄”（当时实力较强的七个国家）所设置的关塞中，重要者有40多处，燕国的居庸塞便位列其中。除此之外，燕国还修筑了南北两道长城。燕南长城是在燕昭王广聚贤士复兴燕国后，为加强对齐国的防御而修建的。燕南长城位于易水一带，又名易水长城。具体位置在今河北省保定市易县的西南、向东南经定兴县、徐水区、容城县、安新县、雄县，到达廊坊市大城县、文安县，长250余千米。燕国自古就是农耕民族与游牧民族争战、交汇的地方，游牧民族常常南下侵扰燕国。燕昭王出师，将其向北击退千余里，燕国获得大片土地。为了守卫这些已经获得的土地，燕国修筑燕北长城。这是战国时期修建的最后一道长城，主要分布在今辽宁省、内蒙古自治区和河北省境内，全长1500余千米，并设置五郡进行管辖，其中的渔阳郡位于今天的北京密云区境内。

辽国是居住在长城以外东北地区的契丹族所建立的国家。公元936年，长城以南正处于纷乱的“五代十国”时期（907—960），后唐政权的河东节度使石敬瑭举兵反叛，并向当时长城以北的契丹求援，以割让“燕云十六州”（幽，今北京；檀，今北京密云；顺，今北京顺义；儒，今北京延庆；蓟，今天津蓟州区；瀛，今河北河间；莫，今河北任丘北；涿，今河北涿州；新，今河北涿鹿；妫，今河北怀来东南；武，今山西神池；云，今山西大同；应，今山西应县；寰，今山西朔州东北；朔，今山西朔州；蔚，今河北蔚县西南）为条件，请求契丹出兵相助。契丹占领“燕云十六州”后，将北京地区设立为辽国的南京，也称燕京。“燕云十六州”均是中原地区的战略要地，其中，幽州“地处雄要，北依山险，南压区夏”；云州“东连上谷，南达并恒，西界黄河，北控沙漠，居边隅之要害，为京师之藩屏”。从此中原内地长城险塞尽失，在此后的四百余年中，燕蓟地区一直处于不同游牧政权的相继统治下。也是在这四百年间，燕京逐渐发展成为统一王朝的国都。可以说，割让“燕云十六州”，辽国设立南京陪都，为元、明、清直至今日北京持续作为国家首都奠定了基础（仅少数时间为南京所取代）。

公元1115年，东北一支女真族建立金王朝。公元1122年，金国出兵，一路出得胜口（今北京昌平北），一路出居庸关，占领燕京。公元1125年，金国开始对燕京实行统治。公元1153年，金朝的第四位皇帝完颜亮下诏，将都城迁往北京，是为金中都，以此作为全国的政治中心。金朝与长城的渊源不止于由居庸关进军燕京。金朝还是唐、宋、辽长城修筑停息一个阶段后，重新开始修筑长城的朝代，规

黄花城水长城（2021年）

模之大超过了唐、宋、辽的各代长城。据历史文献记载，金朝长城有两道：一是明昌旧城，二是明昌新城。明昌旧城过去曾被称为兀术长城或是金源边堡，在新城之北，据《黑龙江省志》记载，这段长城的位置，约在黑龙江省兴安岭西北黑龙江沿岸，即是八百年前金为防御蒙古族入侵而修筑的。明昌新城也是为防御蒙古族入侵而筑，远在明昌旧城之内，又被称为金内长城、金濠堑、边堡等，西起静州（今黄河河套地带）东达混同江畔（今黑龙江省松花江），经陕西、山西、河北、内蒙古、辽宁、黑龙江等省市区，长达数千里。[1]

公元1206年，在漠北草原斡难河上游地区，蒙古部落首领成吉思汗建立大蒙古国。自公元1211年开始，成吉思汗率领蒙古军队三次攻入居庸关，不断威胁金中都城。公元1214年，金将都城从金中都迁往金朝的南京（今开封），失去北方山脉天险、长城关塞等军事要地。公元1271年，元世祖忽必烈正式建国号大元，次年下诏迁

1 北京市地方志编纂委员会 . 北京志 [M]. 北京：北京出版社，2008.

都至中都，改称大都。元灭南宋，统一中国，元大都成为统一的多民族的封建中央集权国家的都城。[1]从此，北京成为全中国的政治中心。作为全国的政治、文化中心，元朝对元大都从城市建设、行政管理、水陆交通、政令传递等各方面进行了营建。元大都从其规划的完整性和规模之宏大而言，为当时世界之最。距今三千年前，我国就有了城市规划的理论依据——《周礼·考工记》，其上记载的匠人营国（国即都城）“面朝后市、左祖右社”的制度，元大都彻底遵循古制加以实现。现在的元代宫殿已经不复存在，而明清故宫则与宗庙、社稷完整地保存了下来。持续三千年帝都规划发展的实例在世界上也是绝无仅有的。[2]元大都是中国两千余年封建社会中最后一座按既定的规划平地建造的都城，其规划之完整和规模之宏大为当时世界之最。元大都也是当时的世界贸易中心，冠盖满京，商贾云集，富庶繁华。元代版图地跨欧亚，远达长城以北很远的地方，而且统治者本身也是长城以北的游牧民族，长城对他们来说意义不大。但为防止汉族和其他各民族的起义，检查过往客商，也对许多关隘险处加以修缮，设兵把守。今北京居庸关元代规模较现在还大。一定意义上来说，元代长城更多地发挥了社会功能，推动了长城区域各民族的融合发展。元朝时期，由于领土延伸至欧亚大陆西部，建立起人类历史上前所未有的帝国，在帝国内部建立了比较完善的驿站制度，各大汗国的统治者都特别重视商业的发展，因此元朝时期的陆上“丝绸之路”比汉唐时期通畅得多，而且所运输的物品不仅仅是物资、生活用品、奢侈品，15世纪之前人类历史上意义最重大的科技文化交流——印刷术、火药和指南针的传播，通过元代的“丝绸之路”得以实现，进而推动世界历史的巨大变革。[3]

公元1368年，明军攻占元大都，将元大都改名为北平。1403年，明成祖将北平改为北京，并于1421年正式迁都于此。今天我们所说的古都北京，主要指明清北京城，即今天北京

1 北京市地方志编纂委员会 . 北京志 [M]. 北京 : 北京出版社 , 2008.

2 罗哲文 . 北京历史文化 [M]. 北京 : 北京大学出版社 , 2004.

3 罗炤 . 元朝“丝绸之路”与元大都 [C] // 王岗，北京史学论丛2014. 北京 : 北京燕山出版社 , 2015: 112-129.

二环路以内的部分。明代完成了北京城基本格局的规划建设。与明北京城南北相对的明十三陵，规模宏大，艺术造诣卓绝，是明北京都城规划的有机组成部分。明长城拱卫京师与皇陵，是中国长城的精华部分。明朝建立之初面临着来自北方蒙古部落的强大压力。整个明朝与蒙古部族的关系，以及明代北部边防政策的制定，都围绕长城地区展开。明太祖最初想实施南北分治，在今天明长城一线设置的边地防御体系，主要以“相安无争”为目的。“土木之变”后，明朝为保卫长城地区安全，开始较大规模建设长城防御体系。明中后期，女真族崛起，不断威胁明朝边地的安全，明朝开始加强辽东长城的防御，长城的主要防御任务转变为防御后金政权。在明朝的200多年中，几乎没有停止过对长城的修筑和对长城防务的加强。万里长城这项从春秋战国开始修筑到秦始皇连成一气的工程到明朝达到顶峰，同时也基本结束。

清朝是中国历史上最后一个封建王朝。明万历年间，居住在东北地区的女真部落首领努尔哈赤建立后金政权，自公元1618年起，女真人四次攻破长城防线，威胁京师地区，并于公元1636年建立大清国。公元1644年，顺治帝福临到达北京行登基礼，宣布“定鼎燕京”，仍称京师。清朝几乎完全沿用明北京城旧制，城池宫殿、坛庙苑林、衙署寺观、市井民舍，依中轴线两侧对称展开的城市格局和城市风貌基本定型。今天古都北京的传统建筑群多为清代修建，明代原物已为数不多。古都北京的建设在清代走向巅峰。清朝对长城重要地段继续维修加以利用，长城沿线的一些营堡仍驻有军卒、将领，守卫长城的主要关口。如清代在居庸关初设参将防守，后改为都司，古北口的几处营城也均有武官率兵驻守。[1]清朝不像以往历代修筑长城以限内外，而是采取怀柔政策，笼络蒙古上层贵族，恩威并施，使蒙古诸部成为“较长城更为坚固”的防备朔方的屏障。[2]康熙帝在视察长城时，抚今追昔，感慨万千，当即下令：“凡大清国君，当持王道，取民心，练兵马，永不筑长城！”

1　罗哲文 . 北京历史文化 [M]. 北京 : 北京大学出版社 , 2004.

2　罗哲文 . 北京历史文化 [M]. 北京 : 北京大学出版社 , 2004.

金山岭长城（2016年）

北京长城之千城千面

北京的长城逶迤于燕山山脉军都山区的平谷、密云、怀柔、延庆、昌平、门头沟六区的崇山峻岭之中。盘曲其中的长城，千城千面，形态各异，共同见证了中华民族的文明演进，伴随着古都北京的发展变迁。

平谷区位于北京市东北，因其交通便利、四通八达，有“神京三辅要地”之称，享有“天汉之津梁，幽燕之关隘”的美誉。平谷，经历了15亿年前的海洋地质历史和数亿年的燕山运动。地质上属于中元古界地层的平谷，平原和山前地带为第四系松散沉积物所覆盖，中元古界沉积岩的同位素地质年龄距今已经有18.5亿—14亿年历史，构成山脉主体。境内山区、半山区约占2/3，平原约占1/3，有17座山峰海拔超过千米。平谷历史悠久，内蕴丰厚，10万年前旧石器文化遗迹的出土见证了中华早期文明，7000余年前的新石器上宅文化填补了北京史空白，4000余年前的轩辕文化光被遐荒，3000余年前的刘家河商代遗址灿然传神，2200余年前的建置历史再现大汉雄风，1000余年前的道教文化令人怀古观今，历辽金元汉化过程，至明清时人文蔚起。同时，中原文化和游牧文化在这里遇合、化新，平谷之地具有文化“节点”之特性。

在细数平谷历史文化的过程中，长城成为可观可感、内涵深厚的文化资源和财富。平谷境内长城巧妙利用地形地势，在坡度平缓的山体沿山脊砌筑墙体；在山势险峻、悬崖绝壁之处，则以山险作为屏障。平谷明长城全长48.52千米，习惯上称为“百里长城”，因墙体为山石所垒砌，又称“北方石长城”。平谷石长城保留了原始古朴而又宏伟壮阔的风貌，在北京市境内的长城文化中极具特色，具有弥足珍贵的历史和文化价值。平谷境内长城现为全国重点文物保护单位。

密云地处华北平原与内蒙古高原的过渡地带，东西长69千米，南北宽64千米，版图略呈三角形，左瞰沧海，右枕居庸，北倚长城，南当怀顺。战国时期为渔阳古郡，历史悠久，文化灿烂。境内多山，属燕山山脉，山峦耸立，长城跌宕起伏。海拔在45—1730米之间，东、西两侧高，自北向西南倾斜，总的地形为一个三面环山、中部低缓、西南开口的簸箕形。各地貌之间阶梯显著、界限分明、相对高差大，土地切割深、土层薄、坡地多、平地少，故有“八山，一水，一分田”之称。潮河、白河分带东西，白龙潭、黑龙潭遥相呼应，“华北明珠”白洋淀镶嵌其中，山河奇伟，人杰地灵。密云总面积2229.45平方千米，为北京面积最大的区，是首都北京重要的饮用水源地和生态涵养区。

密云境内最早的长城为北齐所建，明代大规模重建，全长182.1千米，横穿11个镇、57个行政村。其里程之长，敌楼之密集，城堡、营寨之多，军事功能之完备，在北京长城段中有着重要地位。密云长城是明代长城中极富特点、精华汇集的地段。长城所经地段多崇山峻岭，依山筑城，断谷起障，择险置戍。在长城修筑时吸取了历代长城的构造特点，经过多次改进和创新，筑成了烽堠相望、敌台林立、用险制塞、纵深梯次、点线结合、互为依托的军事防御体系。其中，司马台长城以“险、密、奇、巧、全”闻名于世，整段长城构思精巧，设计奇特，结构新颖，形态各异，集万里长城众多特色于一地，英国的《泰晤士报》2012年曾将司马台长城评为“全球不容错过的25处风景之首。”

怀柔位于北京市东北部，距离城区约50千米，地理位置重要，素有北京的“北大门”之称。《礼记·中庸》有“柔远人则四方归之，怀诸侯则天下畏之”的典故，怀柔曾是不同民族的杂居区，故怀柔一词有安抚的意思。怀柔地处燕山南麓，区域总面积2122.8平方千米，是北京市面积第二大区。地势北高南低，南北狭长，呈哑铃状。北依燕山山脉，南偎华北平原，境内多山。以著名的万里长城为界，北部群山蜿蜒，莽莽苍苍、连绵不断的群山成为首都北京的绿色长城、天然屏障。地貌特征层次鲜明，深山、浅山、平原各具特色。得天独厚的自然环境和丰富的历史古迹使怀柔成为首都北京的“后花园”。

雄伟的长城、美丽的雁栖湖，已经成为美丽怀柔的两张精美名片，它们紧紧地连在一起，以其美丽和辉煌，走向全球，融入世界。怀柔段长城无论是修筑质量、建筑风格，还是防御能力，在中国长城史上都占有重要位置。怀柔长城作为中国万里长城的重要组成部分，东连密云古北口，西接昌平居庸关，自东向西横亘怀北、雁栖、渤海、九渡河4个镇22个建制村，总长为65.4千米，占北京段长城526.7千米的12.4%。怀柔段长城地处要冲、雄奇秀险、遗存丰厚，为国家级文物保护单位。由于承担护卫京畿和明皇陵的重任，其选线科学、造型精美、修筑牢固，并以关城险峻、敌台林立闻名于世。连绵起伏的城墙上，城垣楼台，大部分保存完好。经过600多年风霜雨雪的侵袭，亓连关、慕田峪关、鹞子峪、箭扣依然保持着明长城的原始风貌，屹立于燕山之巅。

延庆位于北京市西北部，城区距北京德胜门74千米，区域总面积1993.75平方千米，其中山区面积占72.8%，平原面积占26.2%，水域面积占1%。延庆平均海拔超过500米，气候独特，冬冷夏凉，素有北京“夏都”之称。延庆是2022年北京冬季奥运会的重要赛事举办地，“冬奥冰雪之城”正在成为延庆的新名片。

历史上延庆历经了七次州县制的废兴和政治军事动荡引起的大规模移民活动。现延庆下辖15个乡镇、3个街道，常住人口31.4万人。境内长城穿越9个乡镇130多个建制村。延庆境内的明长城现存墙体179.1千米，包括夯土长城、石砌长城、砖石长城等遗迹；此外还有敌台473座，烽火台86座，关堡42处，遗迹21处。其中最为有名的是八达岭长城。1958年，八达岭长城开辟为旅游区。1961年3月“万里长城——八达岭”被确定为第一批全国重点文物保护单位，1981年八达岭特区办事处成立，从此以八达岭长城为龙头的延庆文化旅游业极大地促进了地区经济社会发展。1987年，中国万里长城被联合国教科文组织列入《世界遗产名录》。1991年八达岭长城代表中国长城接受了联合国教科文组织颁发的“世界文化遗产”证书。八达岭长城成为世界国宾接待第一景区，也是国家重要的国际政务接待平台和国际交往窗口。

昌平区位于北京市的北部偏西，素有“京师之枕”和“股肱重地”之称。昌平区的地貌受太行山和燕山板块的挤压影响较大，两山之间的军都山便由此形成。昌平区重峦叠嶂，境内的太行山和燕山以居庸关通道为界，西部山地属太行山山脉，总体呈西南—东北走向，有名称流传的山峰有80余座，海拔在1000米以上的山峰有23座，最高峰名高楼，海拔1439.8米；北部山地是属燕山山脉的军都山，总体呈西北—东南走向，有名字的山峰有170余座，海拔在1000米以上的山峰仅有5座，最高峰磨盘山，海拔1066米。昌平境内有长城、明十三陵、驻

八达岭长城（2020年）

跸山和“大运河的最上源”——白浮泉遗址，是北京唯一一处集运河文化、长城文化、西山文化于一身的地区。

由于居庸关所在的关沟是蒙古高原通往华北平原最便捷的通道，自战国以来，昌平成为兵家必争之地。很多朝代在昌平都建有军事设施，不但建有城墙，而且还建有居庸关、南口城、上关城、白羊城、长峪城等城堡，其中居庸关是我国古代军事防御工程和古代建筑的杰作。特别是明代，以居庸关为中心，纵向与南口城、上关城、八达岭、岔道城，横向与黄花城、白羊城、长峪城、镇边城、横岭城等构筑了设施完备的军事防御体系。20世纪末至21世纪初，十三陵特区办事处先后投入巨额资金分两期修复了居庸关，使居庸关成为闻名中外的旅游胜地。

门头沟区位于北京西郊，是北京市唯一的纯山区，也是北京市最早的人类活动区域之一，有着深厚而悠久的历史。距今约1万年的东胡林人，是北京地区创造新石器文化的鼻祖；奔流不息的永定河，孕育了中华民族的伟大首都；海拔2303米的东灵山，被誉为京西的“珠穆朗玛”；京师第一古刹潭柘寺，为北京注入千年历史；首都道路的活化石京西古道，更是连通了京城与边关大漠；近百座古村落，演绎着北京厚重的人文历史；北京民俗文化圣地妙峰山，承载和谐共荣的传统习俗……这些不只是门头沟区历史文化的名片，更是首都文化中的璀璨明珠。

由于特定地理位置和特殊的地形地貌，自有史以来，这里就是兵家必争之地，战事频发，由此也使这里成为培育北京军事文化的基地。其中北京西部长城文化，就是在这个基地诞生、发展起来的。京西门头沟区范围内，自旧石器时期以来，人类活动从未间断。这里与开启中华五千年文明史的炎黄文化发祥地之一——涿鹿山水相连，我国北方各民族相争相融往来于此。封建王朝统治者多视此地为“据天下之脊，控华夏之防”的“百二河山”与“神京右臂”，不断在京西纵深百余里的战略要地筑长城、建城堡、置关隘、设戍兵，严密控制西山边缘与纵深道路。汉代建烽火台，北齐修长城，东魏建城堡，元代建垒寨……到了明代，更是在历代修筑的长城关隘的基础上进行了大规模修筑和完善，构建起一套以长城关隘为中心的纵横交错的有机防御体系，充分展现出“神京右臂”强有力的拱卫功能。保存至今的有烽火台、长城、关城、古地道、古军道、碉楼、垒寨等古代军事遗迹，以及守口将士后裔繁衍而成的军户村和军队留下来的风气与民俗。

为谁而筑，因何而兴

长城不问人间事，人间何故筑长城。

古代人逐水而居，河水灌溉是种植农业的生命线，四大古文明因此兴盛蓬勃，跃然于世界的版图之上。沃野千里的土地滋养了文明的发展，也成为“蛮夷”觊觎的地方。当古埃及、古巴比伦、古印度文明在历史的烟云中化作扬尘而消亡、瓦解、中断，唯独中国文明像长城一般屹立于世界民族之林。历朝历代的中国人不断修建和修缮的长城，见证着中华民族生生不息，不断发展壮大的历史。

斗争，是每个人类文明发展中都无法避免的内容。历史滚滚前进的车轮下一路压过了鲜血与牺牲。为了守住崛起后兴盛的文明，原住民就不得不面对外来者的侵略，抵御入侵以及用什么方式面对入侵，成为每个文明能否保存完整果实的关键。《孙子兵法》在《军形篇》开篇就说：“昔之善战者，先为不可胜，以待敌之可胜。”善于指挥作战的将军首先要做到不被敌人战胜，然后才是寻找机会战胜敌人。这样的军事战略思想，是产生长城这种防御工程的基础，保存和延续了中国古老文明的完整性和统一性。

斯塔夫里阿诺斯在《全球通史》中提到，为什么只有中国拥有最古老、连续不断的文明，具有持续至今的生命力，而没有像其他古老文明被征服者征服之后，发生了根本性的改变，最终遭到毁灭？

从地理环境上看，中国文明与人类其他伟大文明相隔绝的程度绝无仅有。地中海将美索不达米亚、埃及、希腊和罗马连接在一起，印度洋使印度与中东、非洲和东南亚相互影响。而中国的农业生产生活区域四面一直被切断：中国东部和东南部是直到近代方能逾越的太平洋，西部有帕米尔高原，西南有“世界屋脊”青藏高原和喜马拉雅山脉，在当时的社会条件下，都是难以逾越的天然屏障。只有北部蒙古高原及与之相连的华北平原、黄土高原北部地区在沙漠和大草原的有限保护下，缺少不可逾越的阻隔。[1]而在这里，中国人修筑起了绵亘不断的长城，抵御着游牧民族的入侵，弥补中国北部防御不足的地理缺陷，因而文明才能连续不断。

同样有着庞大的人口和土地优势，中国没有像印度被入侵后在文化和制度上遭遇翻天覆地的变革，而是始终保持自己的特色，同化外来文化，选择外来文化的某些方面加以改变，使之适合于自己的传统文化。

农业作为中国社会的基础，适宜耕种的土地不仅确定了中国文明的分布范围，也确定了定居这种更为稳定的人民生活和社会发展模式。以农业为主的生产体系和生活方式，强调天、地、人三位一体、协调统一，在这样的大农业观和大环境观下，中国的农村与农民用他们宽厚的脊背，托起了整个国家的供养，养育着华夏大地，让中国文明的发展也更加稳定，而非居无定所。

诚然，辽阔的疆域、隔绝的地理环境、庞大的人口数量，以及稳定的农业生产生活推动了中国文明连续不断，持续向前，而促成中国文明内聚发展，从未像其他古老文明消亡、中

---

1 《中国长城志·总述》.

断的最关键因素则是中国传统的儒家文化思想。斯塔夫里阿诺斯这样说，“促成中国文明的内聚性的最重要因素，也许是通称为儒家学说的道德准则和文学、思想方面的遗产”。正是儒家思想中所提倡的兼容并蓄的理念，使得中国文明在与其他文明的碰撞中没有消亡中断，反而从交融中形成新的传统文化，推动着这个古老文明延续、进步。

长城，是伟大文明的创造物和象征，而创造这一切的正是中国文明本身。[1]在华夏族的大一统的封建国家建立的同时，中国北方的匈奴也建立了以蒙古草原为中心的强大的统一游牧民族国家。在此后的两千多年的时间里，中国境内的游牧社会与农耕社会对立、共存、互动、融合，形成了中国文明特有的演进规律。在长城区域，不同民族、不同族群的生存状态和经济行为同时存在、交错存在，形成了互相争夺资源的竞争性经济状态。中原农耕文明需要不断应对北方游牧文明侵扰，但充足的人口与定居的农业生活方式，则为长期修建长城提供了可行性和必要性。在“和为贵”这一儒家道德实践原则的指引下，中原王朝统治者并没有大规模修建有主动攻击性的战争工事，而是以防御战略作为军事功能、以谋求和平作为军事决策的长城体系，在坚壁清野的军事防御中，承载了华夏儿女“不想打仗、不愿打仗，但也不畏打仗”的愿景和性格品质，延续了中国兴盛不衰的文明。

1935年，中华民族正处于生死存亡的关头，电影《风云儿女》上映，由田汉作词、聂耳作曲的电影主题曲《义勇军进行曲》随即唱遍大江南北，鼓舞着中华儿女继续艰苦卓绝的斗争。而《义勇军进行曲》创作的重要源泉，正是古北口长城抗战。古北口，拥有中国长城史上最完善的长城防御体系，是燕山山脉中通向华北平原最大的一处关口，历来是兵家必争之地，也是万里长城上战事繁多的关隘之一，有史可查的大小战役达138次。著名的“庚戌之变”，和1933年古北口长城抗战，均以此为主战场。1931年“九一八事变”发生之后，东

1 马瑞江 . 从多元到一体的动因与机制——长城内外游牧与农耕族群演进的历史研究 [D]. 天津 : 天津师范大学 , 2008.

北失守，战火烧到了长城脚下，长城抗战就此拉开了序幕。

1933年2月，日军开始进攻热河，“热河抗战”和“长城抗战”开始，部分东北义勇军向热河靠拢。此时，年仅21岁的聂耳随慰问团到热河慰问参战官兵。当慰问团到达热河后，《义勇军誓词歌》的歌声随即响起：

> 起来！起来！
> 不愿当亡国奴的人！
> 家园毁，山河破碎，民族危亡。
> 留着头颅有何用？
> 拿起刀枪向前冲！
> 冒着敌人枪林弹雨向前冲！
> 携起手，肩并肩。
> 豁出命，向前冲！
> 用我们身体筑起长城！
> ……

这是一支浴血抗战的东北抗日义勇军的誓词，歌词中便有“用我们身体筑起长城”等句，由东北国民救国军司令高鹏振在组建“镇北军”时创作。当时，聂耳拿到歌词后，立刻大声朗诵，还激动地用小提琴拉起《满江红》的曲调，让战士们随着琴声高声唱起来。同年3月，田汉也随慰问团到达古北口，亲身感受了长城战役的惨烈与悲壮，从而在他之后一段时间的创作中，反复使用了“新的长城”“铁的长城”“血肉长城”等词句。田汉与聂耳在长城战役中的经历与见闻，是他们创作《义勇军进行曲》的最重要素材。

1935年，电影《风云儿女》完成拍摄后，聂耳在躲避追捕前往日本期间，将谱曲定稿《进行曲》寄回国内，《风云儿女》电影的投资人朱庆澜在前面加上了“义勇军”三个字。影片播出后，《义勇军进行曲》很快就成为当时中国最著名的抗战歌曲，激励着中国人民的爱国主义精神，后成为中华人民共和国国歌。将爱国抗战战士比喻为“血肉长城”，是当时的长城抗战中常见的动员话语。这种话语依托于围绕长城而产生的深厚文化传统，迸发出强大的生命力与动员能量，直到今天仍能震撼人心。而“钢铁长城”这一对人民军队的修辞传统延续至今。简单的四个汉字承载着保家卫国的使命，承载了中华民族在艰难困苦、战火燎燃中不屈不挠的执着精神和对和平的向往。

箭扣长城（2017年）

第二编

長城融合之美

北京的長城

『长城何连连，连连三千里』，沿燕山山脉起伏，绵亘在中原农耕文明和草原游牧文明分界线上，长城这座浩大的军事防御工程，屹立于风云诡谲的时空变幻中。兵祸止，商贸兴，烽火去，村落聚。长城历经的风霜雨雪，是一部农牧文化冲突与融合的历史，是一部中华民族多元一体格局发展的历史，是中华民族生命力和影响力不断生长、扩大的历史。在全人类整体命运空前紧密联系在一起的今天，长城必将在全世界文明的交流互鉴中，传递更新的力量和声音。

第一章

以战止战与和平通道

南北朝时期，北齐政权多次大规模修筑长城，奠定了北京长城基本走向及防御布局。当明成祖朱棣将燕山脚下的北平府改名为“顺天府”并迁都北京，而百里开外的燕山北面便是许诺给蒙古部落的驻牧地，北京由此“孤悬绝北”，开启了持续两百年的“天子守国门”局面。[1]于是，明朝政权沿着北齐旧迹，修建了中国历史上规模最宏大、体系最完备的长城——明长城，成为今日北京长城的重要组成部分。

北京长城，地处京畿，拱卫京师，在构建古都和谐稳定的社会秩序中发挥了重要作用，是北京3000年建城史与800年建都史的重要组成，也是中华文明按照自身轨迹延续与发展的重要保障。

战争是暂时的，和平是永恒的。修筑长城的目的是制止战争、追求和平。长城的独特之处正是在于它不仅是抵御强敌的铁壁，更是和平发展的通道。

1　魏敏，刘晓涛．长城：故国与家园［M］．北京：五洲传播出版社，2021．

何意百炼钢，化为绕指柔

不同的文明之间，往往呈现对抗的状态。[1]

战国时期，燕、赵两个诸侯国用强大的军事手段将游牧民族驱赶到了燕山北麓，筑长城加以防范。燕山的分隔，造成了南北不同自然地理环境，南方中原农耕区与北方草原游牧区之间的界限除去地理意义外，开始有了显著的政治、社会内涵。由此农、牧两种生产方式争夺生存空间的斗争发生了根本性变化，北方边疆历史发展的基本模式由此确定，即主动进犯的游牧民族与被动防守的汉族之间的持续斗争。[2]

中国近五千年来经历过四个寒冷时期，低谷时等温线南移20—30千米。当寒冷期到来，“逐水草而居”的游牧民族的生存环境严重恶化，他们不惜放弃习惯的草原，迎着农耕政权军队的强力反击，大规模南下入侵。农耕文明与游牧文明一次又一次在农牧区的分界线上展开激烈的碰撞，生态环境差异和文明冲突产生了长城，为中原王朝填补天然屏障的不足构建了强大的防御体系。

西汉时期，晁错在《守边劝农疏》中对北方游牧民族生活习性进行了解释，他认为“胡人衣食之业不著于地，其势易以扰乱边境。何以明之？胡人食肉饮酪，衣皮毛，非有城郭田宅之归居，如飞鸟走兽于广野，美草甘水则止，草尽水竭则移。以是观之，往来转徙，时至时去，此胡人之生业，而中国之所以离南亩也”。北方游牧民族来去灵活，其行动方式和环境形势决定了容易对边境进行侵扰，也是中国人到南方耕种的原因。但是当劫掠和冲突发生时，“今使胡人数处转牧行猎于塞下，或当燕、代，或当上郡、北地、陇西，以候备塞之卒，卒少则入。陛下不救，则边民绝望而有降敌之心；救之，少发则不足，多发，远县才至，则胡又已去。聚而不罢，为费甚大；罢之，则胡复入。如此连年，则中国贫苦而民不安矣”。边境冲突不断，民不聊生，而发兵作战却效果不佳。因此，他盛赞汉文帝的治边政策，在历史上首次卓越地提出了

1 亨廷顿．文明的冲突与世界秩序的重建 [M]. 周琪，等译．北京：新华出版社，2010.

2 侯仁之．北平历史地理 [M]. 北京：外语教学与研究出版社，2013.

箭扣长城（2016年）

屯田戍边的建议："陛下幸忧边境，遣将吏发卒以治塞，甚大惠也。然令远方之卒守塞，一岁而更，不知胡人之能，不如选常居者，家室田作，且以备之。以便为之高城深堑，具蔺石，布渠答，复为一城其内，城间百五十步。要害之处，通川之道，调立城邑，毋下千家，为中周虎落。"可以说，晁错为中国古代建筑长城的原因进行了有针对性的解释，围绕筑城戍边提出了明确的计划和具体的方针。北方的游牧民族善骑射、勇冲锋，马上作战聚散自如，在广阔的草原上任意驰骋纵横。突兀而起、横亘万里的城墙，可以迫使骁勇的骑兵弃长就短，有效遏止游牧民族南下劫掠，保护农耕文明的稳定发展与中原王朝的存续。

指尖划过一砖一石，烽火硝烟从长城脚下浮现，将士的嘶喊与剑戟的碰撞一次又一次响破苍穹，这是不同文明形态在生死存亡面前的较量。"听妇前致词：三男邺城戍。一男附书至，二男新战死。存者且偷生，死者长已矣！"不同文明形态在碰撞中带来了战争，战争带来了牺牲，征战的号角奏响封建王朝政权交替的哀乐，而百姓在王朝的兴亡与水深火热中向往着和平与安定。

箭扣长城（2017年）

人类战争的历史，是人民用血泪书写的历史，里面不断重复着人民对和平与安宁期待的回响。美国著名旅行家埃德加·盖洛在考察长城之后说：“许多世纪以来，中国人一直在潜心研究和平的艺术，并从心里鄙视那些穷兵黩武的武夫。”围绕长城城墙的战争与冲突是中国古代军事活动中重要的一组矛盾，然而，从本质上说，长城仅仅是“有备则制人，无备则制于人”战略思想指导下产生的军事防御措施，在选择战争手段解决冲突时，采用的都是“非礼不动”的原则。

从历史以观之，长城修筑的沿线绝大部分地方并未发生过战争，而打过仗的地方也在绝大多数时间内并未发生过冲突。即便是修建长城有着说不尽的艰辛，甚至需要付出生命，但与惨烈的战争相比，人们还是更愿意选择前者。《资治通鉴》记载，北魏为应对北方柔然骚扰，中书监高闾向孝文帝上表说，“凡长城有五利：罢游防之苦，一也。北部放牧，无抄掠之患，二也。登城观敌，以逸待劳，三也。息无时之备，四也。岁常游运（运粮以实塞下），永得不匮，五也”。有了长城防御，战争的数量、规模大幅减少，黎民百姓得以安居乐业，长城内外社会发展更加稳定。埃德加·盖洛认为，长城是祈求和平的象征，是和平的标志，是人们在和平的愿望下修建的。

剑戟鏖兵，燕山勒功

元朝统治者四处征伐，穷兵黩武，给中原各族人民带来沉重的负担。错误的民族政策和频发的天灾水患逼迫了以汉族为主的内地人民揭竿而起，以朱元璋为抗元领袖的起义军迅速推翻元朝统治，建立了明朝政权。明代作为推翻元朝建立起来的全国政权，为防御蒙古族各部南下，大规模修建长城数十次，峻垣深壕，筑垒建隘，历时200多年，横跨北京军都山和西山山区，分布于平谷、密云、怀柔、延庆、昌平、门头沟六区的崇山峻岭中，构建了北京长城带的主要部分。版图大统，天子守边，燕山脚下，剑戟丛中，留下了鏖兵壮志的豪情篇章。

建于明万历元年（1573）密云县新城东门外，由明当时兵部侍郎汪道昆撰文的《燕山勒功铭》十面碑（据有关专家考证，碑体为八面），记录了明朝抗倭名将、著名军事家戚继光的一生经历。汪道昆是明代著名戏曲家、抗倭名将，与戚继光一生交好，是“诗剑之交”的挚友。汪、戚二人常有书信往来，诗歌唱和，直到戚继光去世，长达25年之久。

明嘉靖年间，不仅东南沿海受到倭寇的袭扰，而且北方边境形势也经常处于紧张状态。隆庆元年（1567），戚继光被调到北方蓟门、昌平、保定等地镇守，并率军民在北京北部修复了多处长城，密云境内修复尤多，实现了他“革车千里，练骥万余，甲兵数万”“兴十万之师，出塞千里”的愿望。戚继光练兵事历时16年，使游牧部落不敢南下窜扰，使蓟州全境“一矢不惊，军民安堵”，对保证塞内人民的安定生活和社会生产起了重要作用。

戚继光一生转战南北，戎马倥偬，为明朝的统治与安定立下了汗马功劳，成为一代名将，被后世所颂扬。《燕山勒功铭》碑刻主要记载了蓟辽总督谭纶和蓟镇总兵戚继光在北部边防大练兵和修长城的事迹。碑文这样说，谭纶、戚继光在任时，在千里防线上勘察地形、了解军情、分析形势。构筑敌台三千，扼守长城各要害。招募新军，演练车战，有针对性地改进作战方法，开始边防大练兵。此碑是对戚继光在蓟门一带辉煌战绩的真实历史记录，是他在北方守边立下赫赫战功的最好见证。

碑文撰写源于明隆庆六年（1572），汪、戚二人蓟门会阅。这一年，明政府派出兵部高级官员，分头巡视边防。巡视蓟辽的正是汪道昆，他经过20多天的巡视、检阅、演习，看到戚继光所率领的军队确实是精锐之师，检阅官员也十分满意。二人相互赋诗志喜，戚继光有《汤泉大阅并序》写道："适朝遣使者阅视，以歙人侍郎汪公至……"，诗云：

使者临关日拥旄，
天威只尺壮神皋。
指挥乍结车骑阵，
战守还凭虎豹韬。
万阁凌霄金作垒，
五兵飞雪玉为刀。
年来愧博君王宠，
幸有边尘识二毛。

大将手笔，气势磅礴。戚继光以五年时间，实践了虎帐谈兵的"车骑阵"，肯定了"虎豹韬"，并因蓟北治军，得到了"君王宠"，感激皇帝对他的信任。他也含蓄地告诉人们，实现练兵计划并不容易，而时年44岁的戚继光，头上已生华发——变成"二毛"。

在这一历史背景下，汪道昆撰写《燕山勒功铭》，碑文为明代书画家周天球所书。[1]经名家撰文、书家书丹，书兵家事，三者合为一体，燕山勒功"十面碑"也被后世誉为"三巧归一"。

雄镇残碑，一刻一刃

镇罗营是平谷境内北部长城的关隘之一，《四镇三关志》多有记载。岁月更替，人世沧桑，迄今已历经数百年沿革变迁。平谷现存屈指可数的几块碑记匾额中，涉及镇罗营的为5块，分别是重修镇虏营碑、镇虏营匾额、北边雄镇匾额、补修南水峪10号台沙岭砖墩刻石、补修榆树岭敌台刻石。这些现存碑刻匾额十分真实地记载了镇罗营作为北边雄镇的历史变迁和重大历史事件。

在重修镇虏营碑文中这样详细记载道：工程自嘉靖年春日起，竣工于秋十月二十九日，以文记之。修长城这件事关乎国家安危，能够维护一方安定，系民心顺民意，所谓牵一发动千钧，此段长城关系着其他段长城，

1　北京市政协教文卫体委员会，北京国际城市发展研究院，等．长城踞北：密云卷 [M]. 北京：北京出版社，2018.

修筑此段长城能够使长城沿线都受到抚恤关护，对于商品交流贸易往来和农业生产稳固发展也有好处。夜以继日地做这件事，是足可以产生公信力，让民众信赖期待，足以服众的一件好事。按照道理来说，所做的这些事实在是德威厚重，以此抵挡并战败敌寇，使这个地区万年永得安宁。

《四镇三关志》对镇罗营多有记载，并一直称作“镇虏营”，而到了清代《畿辅通志》等志料中，却改称为“镇罗营”，这一字之改，则可追溯至清代残酷的文字狱。“胡”“虏”“夷”“狄”等为避讳字，书中或空格不刻，或涂成墨点，或改成“狐”“罗”等同音字。这也就是明代“镇虏关”“镇虏营”中的“虏”字改成“罗”字的原因，也就有了今天的镇罗营、镇罗关之称。

残碑一刻一刃下的历史，让后世对长城的修筑有了更加客观的认识。首先，在对长城的认识上存在诸多差异，有人认为长城是民众血肉筑成的，有人认为长城是中原统治者为了抵御游牧民族的，有人认为长城是劳民伤财的无效工程。残碑记载，“因系之以□□□□□成民心维顺八□必恤九边罔□□贾载市□□□□□连阵农”，这些字里行间透露了修筑长城顺民心，利八方，使整个长城沿线地区得以济恤安宁，商贸流通，农业稳定的意思。所以修筑长城不能狭隘理解为纯粹是帝王的个人意志，帝王意志里也有力求普天之下安宁的良好愿望。修筑长城绝不单纯是利于帝王一个人的，而是利于更多人，利于“天下”的。基于这样的理解，历代官员如此投入于修长城，一方面是遵从帝王旨意，另一方面也是充分体认到长城对于百姓利益的维护保障作用。

其次，重新认识了长城修筑的人力资源问题。长城并非大量民夫用血和泪筑成的，当时修长城的人力来源有三方面：一是军队，也就是戍边将士；二是民夫，也就是征调的民夫和招募的饥民；三是充边的罪人犯人。残碑告知我们重修镇虏营及附近长城，戍边将士起到了关键作用，特别是碑文中提到了很多将士的名字。

最后，修筑长城的价值并非为了对外战争。平谷作为北方游牧民族与中原汉族交织的其中一个节点，长城的存在能够固化边界，调整农牧秩序，化解调和游牧和农耕民族的矛盾冲突，建立一种以贸易往来、各寻利益、各得其所的互为依存的良性互动关系，保障民众生活通顺安宁，保障

白马关长城（2021年）

文化有序交融与传承。

碑文遗存，意义深远，为后世留下了直观了解长城的真实见证，传递着长城的卓然风姿与历史风貌，勾勒出了长城的真实面貌和真实价值。

形胜固难凭，在德不在险

征战号角在烽火边城上悄然消逝，金戈铁马在黄尘古道中渐渐湮没。一夜风云散，时空悄然变幻，在故国与家园更替、战争与和平交织中，长城内外，沧海桑田。“关门铸铁半空倚，古来几多壮士死”，风雨侵蚀了刀枪的锋刃，断折了棱角，锈上了土花青，犹如将士战时流的鲜血。元代诗人萨都剌在登临居庸关时写道：“居庸关，何峥嵘，上天胡不呼六丁，驱之海外消甲兵，男耕女织天下平，千古万古无战争。”而今，战火硝烟纷纷褪去，长城内外的兄弟民族之间早已将千年干戈化为玉帛，“关门夜抱千峰月，陵墓春生五色云”，关隘险阻、道道城墙，成了险中蕴秀、翠衬险奇的叠翠美景。长城的军事防御的价值已经不复存在，而是化作了象征融合与和平的柔墙。

渔阳，农耕民族与游牧民族长期斗争的焦点地区，从未大规模修筑长城的唐朝统治者在这里设立了“怀柔县”。“怀柔”，这座长城脚下的军事要地，以“柔远人、怀诸侯”的胸襟，带着当时唐朝对天下四方招抚平顺的政治愿景正式登上了历史的舞台，代表着华夏儿女对民族和谐共生与融合发展的希望。一千年后，清康熙皇帝在巡经古北口时说出“形胜固难凭，在德不在险”，展现出了守国之道唯在修德安民，而非以长城军事防御作为凭借的政治思想。

“怀柔”一词由来久远。《诗经·周颂·时迈》中就提到了“怀柔百神，及河峤岳”。毛苌为之作注曰：“怀，来也；柔，安也。”意思是对百神、河流和山川都要善待。《中庸》则出现了“柔远人则四方归之，怀诸侯则天下畏之”的说法。此后，“怀柔”一词屡见于《汉书》《三国志》等古籍中，并出现了与之相对应的“怀柔政策”。总而言之，怀柔，其实就是恩威并用中的“恩”——招来安抚，表达了古人对和平安宁的渴望与寄托。

纵观长城的修筑史，农耕民族为抵抗游牧民族的侵扰而不断修建长城，尽可能地防止和避免战争，以求得一个安定的生产、生活环境。虽然历史上长城沿线地区的中华民族各成员之间曾发生过矛盾冲突，但最终都化作历史的烟尘，正是“怀柔”的民族理念，为长城区域的稳定统一，为中华民族的融合共生提供了强大的支撑。孙中山在《建国方略》中说：“长城之有功于后世，实与大禹之治水等。”长城使得农耕民族与游牧民族的交往融合能够有序进行，沿线形成的关城也成为边贸往来和文化交流的重要场所，最终游牧社会与农耕社会融合为一，形成了费孝通先生所说的“中华民族多元一体格局”。

近代以来，长城虽然失去了军事上的实用功能，却作为民族精神的象征物深刻参与中国历史的伟大征途。原来的雄关漫道，渐渐成为旧墙斑驳，霉苔处处，荒草凄迷，暮鸦回翔。“何意百炼钢，化为绕指柔。”长城隐退之后，山河也变得温柔起来，成为农耕民族与游牧民族实现军事、经济、文化碰撞交流的舞台与窗口，也创造出农耕民族与游牧民族共同成就的文明奇迹。

黄花城水长城（2017年）

第二章 长城生活圈

显而易见的是，长城的功能是一个动态概念，在不同的发展时期，由于政治、经济、社会、历史条件的不同，长城的功能也随之发生变化与调整，功能的辐射强度、作用范围也各有差异。总体来看，北京长城的功能经历了一个从单一功能到叠加功能再到综合功能的演变过程。以人为本，正是长城功能不断演变，不断焕发生机活力的重要原因。围绕着人民生活，长城的军事、经济、社会和文化功能呈现出了融合发展的态势。当刀光剑影隐去的时候，长城留下的不仅是一个包含社会记忆的历史符号，更记录了长城内外永不间断和正在发生的众生百态、风土人情，形成的是一个多民族文化交流融合的长城生活圈。

防御线、会聚线与生命线

恩格斯在《反杜林论》中写道：“每一次由比较野蛮的民族所进行的征服，不言而喻地都阻碍了经济发展，摧毁了大批生产力。”游牧民族在劫掠中虽可得到一些生活、生产资料乃至劳动力、生产技术，对其社会发展

旺泉峪长城（2021年）

一时起到推动作用，但他们往往把掠夺看成是“比进行创造的劳动更容易甚至更荣誉的事情”，而这种状态实际上并不利于本民族生产力、社会经济结构和社会文明从根本上得到发展提高，并将逐渐导致自身发展疲软。但是凭据长城防线实施有效抵御，使游牧民族的劫掠不能轻易得逞。即使最终被征服，这种强大的抵抗也有利于迫使游牧民族放弃野蛮落后统治，转变政策，加快征服者被先进封建文明所征服的进程。

金应熙先生在《作为军事防御线和文化会聚线的中国古代长城》中指出：“当中原王朝忙于应付游牧民族的掠夺战争时，长城主要是军事防御线和障碍物；而当双方相互戒备中通过长城线上的关市、马市进行和平贸易时，长城作为会聚线的作用就显著了。”

长城为了抵御外敌入侵，就需要解决守城将士军备给养的供应问题，而历朝统治者给出的最佳解决方案就是屯田和徙民实边。《史记》中“因河为塞，筑四十四县城，临河，徙适戍以充之”“迁北河、榆中三万家”等内容，记载了秦始皇在修筑长城的同时，也加强边境地区的开发建设。而汉武帝“以屯田定西域”的成功经验，则被后世基本沿用。纵观中国北疆开拓发展的历史，构筑、护卫长城防线，正是不断刺激边地经济发展的主要因素之一。屯田实边、辟置郡县基本上以长城为轴心或以之为后盾向外辐射扩展。《隋书·食货志》记载“缘边城守之地，堪垦食者皆营屯田”，不仅把肥沃的土地开垦为粮仓，“迫塞苦寒，土地卤瘠”的盐碱不毛之地也得到最大限度的开发。而为了构筑长城防务，更为迅速地运输粮草、调集兵马，也逐步打通了边疆地区的交通网络。

关市、马市贸易成为长城南北交流的重要渠道，由此发展成为戍边重镇，而屯田实边、交通网络与经济贸易一同构筑起了长城生活圈环环相扣的链条。长城防线有效地保卫着社会生活的顺利进行，为边疆地区经济开发提供了和平安定的环境。为巩固长城边防所实施的屯垦实边方略、所修筑的交通网道、所开设的马市贸易则成为直接推动当地经济开发繁荣的契因。[1]

长城、容器与磁体

美国著名城市规划理论家、历史学家刘易斯·芒福德在其城市物质文化思想中，提出了“磁体”和“容器”这两个隐喻，将城市“磁体”与“容器”功能视为城市的本质功能之一，从不同的层面对城市吸引及贮存的功能进行分析。

“磁体”代表了城市的吸引作用，城市这个磁体中释放吸引力的是城市中的各种社会功能。他说：“在城市成为人类的永久性固定居住地之前，它最初只是古人类聚会的地点，古人类定期返回这些地点进行一些神圣活动。所以，这些地点是先具备磁体功能，尔后才具备容器功能的。这些地点能把一些非居住者吸引到此来进行情感交流和寻求刺激，这种能力同经济贸易一样，都是城市的基本标准之一，也是城市固有活力的一个证据。”他认为在原始城市兴起阶段，可供情感交流以及能够寻求精神刺激的地点就成了主要的磁极。

“容器”是将分散无组织的各种社会功能、社会组织以及人类全都聚集在一个封闭的有限的地域环境之中，强制性地形成了一个城市复合体。在磁体发生作用后，城市成功地吸引

1　曹大为．长城：碰撞与融合的界碑 [J]. 中州学刊 , 1993(6): 114-120.

了人群和各种组织，成为一个有生命的封闭容器。在这个复合体中，从前处于分散状态的各种社会功能、组织及人类能够最大限度地达成互相感应与作用。一方面，城市作为贮藏器集中了各种社会成分，并提供了一个可以令其最大限度相互作用的封闭场所。另一方面，通过将精神文化物质化，提高了城市自身的价值。[1]芒福德认为，城墙、城堡、文字、市场以及博物馆等都充当了帮助城市实现贮藏器功能的角色。

封闭的城墙是形成一个有限的地域环境的前提，与城堡互相配合，令一个密闭的复合体得以形成。芒福德曾描述城墙之于城堡、之于统治者的重要性。芒福德认为城墙带来了封闭的作用，让城堡这个封闭的空间具有了向心力，具有军事防御功能的城墙极大地提升了城市中居民的安全感，以及对城堡中统治者的忠诚度。

长城沿线的军事聚落不仅是守卫疆土的军队组织，更是一个军事缓冲区，为经济发展和人口繁衍创造了相对稳定的社会载体，是经济物资、文化交流的集散地。如果将长城的军事功能比作“容器”，为两个不同的文明形态创造了相对封闭的空间；那长城沿线地区衍生出来的贸易、交通、农业等社会功能，就是长城的“磁体”，产生的磁性吸引着长城内外的人们在这里聚集、交流与融合。借由“容器”所创造的相对稳定的社会环境，两个不同形态的文明得以更多交流和认识，促进着农业、商业的发展。在明代“隆庆和议”之后，长城地区出现了长时间的和平局面，“戎马无南牧之儆，边氓无杀戮之残”，刀剑铮铮远去，明朝政权每年“所省征调费不啻百万”，为人民生活安宁创造了有利条件。

随着交流不断深入，已经呈现出高度发展状态的封建文明，犹如巨大的磁体，深深吸引着游牧民族学习和效仿。长城沿线出现了与中原地区相似的兴旺景象，明代学者陈仁锡这样写道：“六十年来，塞上物阜民安，商贾辐辏，无异于中原。”蒙古各部族除畜牧业得到快速发展外，还学习中原人民发展种植农业，改变了单一的畜牧业结构。而蒙古族亦渐习华风，历配三王、掌兵柄、主贡市的“忠顺

1　陈飞雪 . 刘易斯 · 芒福德的城市文化理论研究 [D]. 南宁 : 广西大学 , 2017.

司马台长城（2019年）

夫人”三娘子，平日爱穿大红彩缎妆狮子汉服，十分钦慕中原地区高度发达的封建文化，竟至“每于佛前忏悔，求再生当居中华”。

社会、秩序与整合

长城，不仅是一道厚厚的墙或一条长长的线，更是一条集军事防御和民族交融于一体的纽带。长城生活圈，是多民族在文化、经济和社会生活等方面的融合。生活圈内各项建设活动，特别是基于生活需求的公共服务的建设运营，是以地区合作为基础、以多方共赢为目标进行的。在这个生活圈里，长城内外各民族相互交流、相互影响、相互吸收，以融合为纽带，实现了合作共赢的社会功能，体现了中华民族的多元一体性，具体则表现为社会秩序的构建。构建社会秩序，是文明发展中始终面临的重要问题，也是长城内外各政治势力面对的最直接问题，包括了经济社会的发展，以及为长城沿线居民提供相对稳定的生活环境与生产条件等。

利益的整合是长城社会功能中最

基本、最重要的一种功能，只有利益一致，才有结构与行为的协调，才会有共同的社会生活。长城在保障长城内外各主体的利益最大化方面发挥了重要作用，最主要的体现是维护了长城沿线经济社会发展所需要的和平安定的环境。长城区域的战争与和平形势随着农耕政权和游牧势力的消长而变化。长城的存在，使区域有了稳定及寻求和平解决利益冲突的基础。从争斗到谈判，长城内外的政权在利益表达、利益平衡方面更容易通过协商谈判的方式来实现。在保障双方利益的基础上，寻求一种制度化的妥协，达到双赢的目的，实现在长城内外不同的利益主体互利共存的良好秩序。任何社会中的人们在价值观上都会有差异，但经由协商合作可以在利益诉求上达到一定的平衡和包容。

规范的整合是长城社会功能发挥促进作用的体现。规范因价值需要而产生，建立系统化和协调一致的制度，使规范内化为共同的行为准则，进而将社会成员的行为纳入一定的轨道和模式，以维持一定的社会秩序。长城沿线的系列关口也是交通、贸易的重要口岸，并且在其周边地区自然衍生出了边贸市场。这些市场逐步发展为大大小小的边塞城镇，成为北方经济繁荣发展的重要表现，也奠定了长城沿线在经济发展中的重要地位。即便是南宋之后我国经济重心南移，长城沿线作为中国经济交流的中心地位依然没有改变。而明代实施的屯垦实边方略、茶马互市制度等，规范并促进了长城沿线多方面规模宏大的经济联系和社会交流，促进了北方地区发展。

长城的筑建推动了当地社会结构的整合。社会是一个多元结构的系统。社会的异质性越强，分化的程度就越高；多元结构越复杂，功能整合的作用就越重要。游牧民族与农耕政权是两个异质化很强的文明形态，冲突是最为明显的表现形式，在长城区域互相分离又互相联系，共同形成了复杂多元的社会状态。每一个民族和政权都具有自己的价值观和规范，但在发展过程中必然会发生交流、互动和联结，这时候社会的结构就会发生相应的变化，从而形成新的社会结构体系，这也就是所谓的功能影响结构。民族融合并不是凭空发生的，而是长期生活在同一个区域内的族群，在交流互动的过程中实现了融合，长城则为此提供了相对固定的地理空间载体。长城是一个“廊道”，当它与所在地域经济、社会和环境联系起来时，就成为一个复杂的综合性开放系统。因此，长城不仅是一个民族历史文化的载体，也是一个具备较强实践性的发展区域。长城区域就是以长城为轴线，串联起的各个城镇和乡村聚落，它推动了城镇与乡村的发展，很多城镇和乡村延续至今。从某种意义上说，长城沿线城镇体系的发展也是长城结构整合作用的结果。

民族、宗教与庙宇

“明修长城，清修庙。”明朝政权覆灭后，清朝统治者决意用怀柔政策取代长城修筑。清康熙帝在与大臣讨论边患问题时说：“帝王治天下自有本原，不专恃险阻。秦筑长城以来，汉唐宋亦常修理，其时岂无边患？明末我太祖统大兵长驱直入，诸路瓦解，皆莫敢当。”进而指出：“可见守国之道，惟在修德安民，民心悦则邦本得，而边境自固，所谓众志成城是也。”随即决定永不修长城。

后来，清乾隆皇帝在热河行宫外修筑了著名的“外八庙”：仿新疆伊犁河畔的伊犁庙，修安远庙；仿西藏三摩耶庙，修普宁寺；仿拉萨布达拉宫，修建普陀宗乘之庙；仿日喀则的扎什伦布寺，修须弥福寿之庙等八大庙宇。清朝统治者为蒙古族、藏族等少数民族的上层人物准备了宗教活动和休息的场所。在这里，清朝皇帝接见边疆各少数民族的首领，并与他们交流，以此达到巩固统治、安定边疆的目的。“外八庙”是民族文化融合的一个缩影，也是清朝民族政策的象征，即用宗教和思想统治的方法巩固统治，将复杂的政治目的和军事行动转化为在香火缭绕的寺庙中共同祭拜，从而建立共同的价值观，拉近民族之间的关系。

庙宇是民族文化融合的场所，用宗教价值观指导各民族精神心理融合，构建各民族之间精神与心理的长城，承载了各民族、各地方的人们的精神寄托。长城边的庙宇文化兴盛并非偶然，统治者修庙宇以安民，对于修筑、戍守长城的士卒以及生长在长城边的人们而言，经历了太多战火硝烟和生死离别，平安健康、解决温饱是他们的首要需求，比其他地方的人们更需要一种信仰的支撑。由于元、明、清时期并未强求统一的宗教信仰，而是相对宽容，各本所宗，长城内外的将士民众大多又籍贯不同、民族不

居庸关云台（2021年）

同、生活习惯不同，所以，儒、道、佛文化在这里得到了和谐发展。为了满足士兵及家属的精神需求，长城关隘、营寨、城堡及一些村落中出现了大批庙宇，并具有相对突出的特点，有专家称这些地区的庙宇兴盛程度要胜于其他非长城区域。

根据平谷区《平谷的寺庙》《平谷寺庙志略》等文献资料记载，金海湖镇将军关、彰作村、东上营、中心村、黑水湾、红石门，镇罗营镇上营、下营等多个村落，旧时村村有庙，庙宇最多的一个村可达20多座，有的村号称“一步两座庙”。其中最为典型的应属峨嵋山营处的峨嵋山村，明长城从村北山上蜿蜒而过，且建有峨嵋山营寨，残墙尚存，在《四镇三关志》中就已有记载。这个与长城毗邻的村子旧有大小庙宇20余座，包括道教庙宇三义庙、药王庙、老爷庙、火神庙、马神庙、真武庙、紫云观、五道庙、龙王庙、虫王庙、山神庙、三官庙、娘娘庙、玉皇庙，以及佛教庙宇兴善寺、观音庙、地藏庙、菩萨庙等。

就长城区域的庙宇来说，其供奉的神灵是与长城文化有着一定关联的。比如，与教育相关的神庙，按说这类庙宇与军营关联不大，但在门头沟区，现在确知仅有的两座孔庙就建在京西军事指挥中枢沿河城及其左近屯兵守御的辅城——斋堂。不仅如此，沿河城、斋堂镇还建有读书人顶礼焚香膜拜的属于道教的文昌庙、魁星阁。其实，从各地调到沿河城担任守备都司者，多系文武全才，有行伍出身的，有侍卫出身的，但大多数是科甲出身的，在接受王命戍守驻屯之时，不仅重视军事，同样重视教育。所以他们不仅修庙供奉祭祀，还以实际行动尊师重教、兴办学校。明代的张经纬守备将自己的俸禄捐给沿河口义学，支持教育；徐麟巡检甫到斋堂，即将占据文庙42年的平罗营衙署迁出，将斋堂文庙还归义学。这些军官将佐的识见和举措，大大促进了当地的文化与经济建设。

与战神相关的神庙在戍边的军户村落中尤为明显。中国道教除了道教正神之外，所信奉的俗神神祇有4类：一为自然神，如雷公、风伯等；二为带有明显人间特征的英雄神或文化神，如关帝、文昌等；三为守护神，如门神、灶神、城隍、土地、妈祖等；四为具有特定职能的行业神和功能神，如药王、财神等。军队是保家卫国、保障江山社稷安全的，是要能打仗、打胜仗的，所以驻军将士往往崇拜战神。其中，老爷庙（关公庙、关帝庙）是旧时对关羽庙的俗称。关公“义薄云天”，也被称为武财神、义财神，在中国民间家喻户晓、妇孺皆知。长城边关庙兴盛，士兵们奉关公为战神，地方上还将关公作为保护地方、抵挡灾难的保护神。关帝庙多在村中，唯独门头沟区天津关旁侧的关帝庙未曾依村傍镇，孑然独立于天津关之南，坐东朝西。这座关庙是由守关将士建起来的，气势与别处不同。门口对联上写的是“情重贯斗，大义参天”。庙内壁上有刘备、关羽、张飞三人故事的壁画，侧面反映了历代守关将士崇尚忠义、崇拜英雄、渴望保家卫国、建功立业的思想和追求。由此不难看出地方设庙的用意，一方面将士们希望能够拥有像关羽一样的忠勇，成为千古忠义之人，另一方面希望自身能够得到武圣护佑，在金戈铁马中骁勇善战，获享安康。除此之外，如令公庙、娘娘庙、真武庙、娥皇庙等庙宇都寄托了驻屯将士对忠臣良将的尊崇，渴望取得战事胜利的向往，以及对家人和家乡的拳拳眷恋和切切思念之意，表达着当地民众人心向善的思想倾向。

长城地区的庙宇具有共指性与特指性两重特征，在共指性方面，表现为道教庙宇关帝庙、龙王庙、药王庙、山神庙以及佛教庙宇观音庙、菩萨庙比较集中，几乎村村皆有。在特指性方面，相比于其他地区，属于长城边独有性的庙宇是马王庙（马神庙）。这与“养马于民”的边关习俗相关，使长城地区对马神的崇拜更为突出。戍边驻屯养马与其他地方不同，一般农村养马无非耕地、驮运、推碾倒磨而已，而长城乃京畿门户，骡马是作为战马、军马出现的。在古代交通不发达的年代，马匹是交通、作战的重要工具，是骑兵的战友，其性命与之所系，战争胜败与之攸关。人们由感恩到崇拜，所以将马神格化。在中国古代，军队出征前，对马的祭祀属于军礼的重要组成部分，是最有特色的仪式。这种对马神祭祀礼仪历史十分悠久，《诗经·大雅·皇矣》有相关的诗句：

临冲闲闲，崇墉言言。执讯连连，攸馘安安。是类是祃，是致是附，四方以无侮。

临冲茀茀，崇墉仡仡。是伐是肆，是绝是忽，四方以无拂。

所以，将士与当地民众祭祀、崇拜马神，乃是祈求神灵保佑，期望建功立业，保佑家人平安凯旋。

与长城相应的庙宇文化记忆显示了宗教信仰存在，千百年来，极其庞大而又不断扩充的神灵队伍遍布村镇城乡的各色神庙，深入到各行各业、千家万户，普通百姓时时与“有形”的神灵同在，也与无形的神秘力量同在。它们之所以还能成为人们需要的东西，尤其是承载功利主义目标的东西，实质上都是寄托着人们对吉祥平安生活的期盼。[1]长城边庙宇文化兴盛，军队、军人积极出力修建寺庙，除了戍边将士与百姓精神所需、生产生活所求，也是长城区域融合共生的产物，守军和当地百姓通过庙宇文化寻求一种精神信仰的契合点和共通点，庙宇也成为军民共享共荣的有效维系。

在长城发展的历史进程中，宗教与庙宇作为化俗导众的媒介，彰显着“利乐有情”的传统，为长城内外的各族人民追求心神安宁，和平共处，最终实现融合统一发挥着不可磨灭的作用。

边塞、边关与边贸

历史上，国家的政治中心一般都在都城，军事行动的首要目的就是护卫政治中心。都城地点不同，其战略要地也不同。秦汉时期，政治中心在西北一带，通向西北方向的各条道路就成了设障置塞的重点，也就由此产生了边塞。自辽金以来，北京逐步成为北方的中心城市，长城护卫京城作用更加显现。而明代都城北迁后，“天子戍边”，都城与长城相接，边关与边塞相连，边关文化由此成为京城文化重要的组成部分，边贸活动因此达到最盛。

北京的边关要塞自古以来就非常出名，尤以京北、京西北险关最为突出，其中又以居庸关最为重要，是北京边关的核心所在。《吕氏春秋》中就有“天下九塞，居庸其一”的记载，《宋史》《金史》中也将松亭关、古北口、居庸关列为“中原要塞”，称“东西千里，险峻相连，近在都畿，易于据守”。随着朝代的更替与战事的增多，居庸关也成了长城中统治者最为关注的区域之一，清代诗人龚自珍也在《说

1　辛之声 . 中国民间信仰事象随想 [N]. 中国民族报 , 2006-05-23(6).

昌平州》中有“居庸关犹如京师之枕”之说，居庸关的人文历史内涵也愈加厚重，而以居庸关为代表的边关文化在北京的历史长河之中熠熠生辉。

边关文化是长城边塞的重要属性，边塞本就为各民族交融之地，政治、军事地位十分重要。居庸关所在昌平，既是交通要道，又是明皇陵所在之地，决定了特有的关、城结合的格局，关内筑城、关外建城、关关相连、城城相依，形成了昌平独特的边关文化，并对周边的其他文化产生着深刻影响：与庙宇繁荣同在，促进不同民族、不同信仰的人交融；与文学效应共生，书写后世传唱的诗篇与佳话；与陵寝聚集相连，寄托永世安宁的理想；与石刻文化相随，记录历史的遗存；与游猎盛行辉映，体现古代帝王皇家对祭祀活动与巡察政事的特有情结；与革命文化同根，在近代抗战历史中仍然充实着重要内涵。

在民族的冲突逐渐转化为融合过程中，边关文化也逐步推动着长城从关塞到贸易通道的身份转变。随着长城边关演变成了南北货物的中转站，边贸盛兴给边塞地区带了巨大的转变，剑拔弩张的关口塞满了钱庄票号、旅店饭堂，商旅如云、辐辏相连。

茶马互市，是长城内外长期边贸过程的重要表现。饮茶对于游牧民族是一种生活需要，而马匹则多出自草原，茶马互市，即用茶叶等农耕地区生产的物资换以马匹为代表的畜牧地区物资的交易，始于封建社会由官府主持组织的以物易物的交换活动，后来泛指一般意义上的通商贸易。边塞在战时是御敌的边关，和平时期则是边贸的通道。战火为边贸交易带了困难与极大的不确定性，声声驼铃、马蹄慌乱，总有人前仆后继，艰辛跋涉在关内关外，生生闯出一条贸易通商的生路，让边贸得以延续、商品得以互通。茶马古道、互市贸易，用骆驼客行走在边塞驿道上的血与汗，换来了长城内外农牧民族经济和文化的交流，推动着长城一带的自身发展，为边民带来收入，更为他们间接带来了和平。

长城边塞，因为战事让人们奔赴于此。驻守将士在这里成长、衰老、死去，他们用血肉之躯守卫着边关险要。兵祸止、商贸兴，商旅人用风沙掩埋的脚印，打开对话与交流的通道，将边关的故事与人民的向往传递到长城内外、大江南北，让独有的边关文化，深深扎根在长城生活中。

阳原县马圈堡（2020年）

第三章 村落与家园

“从来幽并客，皆向沙场老”，一代又一代的人们为了保家卫国，奔赴长城边疆；一代又一代的将帅士卒聚集，将不起眼的屯田营寨渐渐发展成了颇具规模的村落乡镇；一代又一代的商旅车马南来北往，唤起了长城脚下的熙熙攘攘。城墙上的将士在这里驻守了太久太久，雁飞南北，不知过去了多少春秋，从此他乡成故乡。

烽烟散去，村落留存，直至今日仍有很多人沿着祖辈的生活轨迹，眷恋和活跃在长城的万里胸襟与怀抱之中。

从聚落到村落，从家乡到家园

聚居，为人类文明的形成和发展提供了重要动力。聚居的人类通过开发利用和改造自然，创造出生存环境，形成了聚落。文明在漫漫历史长河中流淌，又先后衍生出了村落与城市。村落作为建立在血缘和地缘基础上的聚落，有着自身的范围与活动空间，具有聚族群体性和血缘延续性的文化特质，呈现出封闭性、保守性和地域性等特点，是有形的地域性物质实体空间与血缘性、地缘性乃至亲缘性非物质社会空间的高度重合。当前考古发现的最早的城市出现在公元前3000年，而从村落到城市，人类花费了大约一万年的时间。五千年前的人类，又能否想象到城市今天的模样。从村落到城市的进程，映照了人类文明前进的每一个脚印。

西方城乡形制是始于古代希腊城邦国家的典型二元对峙关系，即城市具有强大的组织形态和历史意识，乡村则受限于地方性知识的生活方式，城市是权力和文明的中心，而乡村代表边缘，代表乡野，与城市是从属关系，城邦国家（city-state）迄今仍为主脉。[1]

不同于西方，村落是中国历史上家国一体构建的重要载体与历史起点，不仅是中华民族文明发展史的“实证”，更是中华文明渊源的“活证”。中国的村落形制则表现为城乡是一个围绕农耕文明而产生的完整结构，二者互为整体。《尚书·禹贡》述其要为：大禹治水，始创中邦，确立了以农业为本、以粮食为基础的赋役与租税制度。[2]这种基于土地分配和以农为本的经济结构，形成了以自然与宗族相结合的家园式乡村形态，这种体现了中国传统“天人合一”的人生观和自然观产生的居住方式，奠定了灿烂的农耕文明与悠久的聚居历史。在中华文明漫长的历史中，村落为文明的延续与文化发展提供了富饶、丰满、包容、稳定的养分与空间，是中华民族历史文化最厚重的基础和载体。

种地谋生的人更懂得泥土的可贵，农业与游牧或工业不同，它是直接取资于土地的。游牧民族可以逐水草而居，飘忽不定；以工业谋生则可以择地而居，迁移无碍；而种地的人却搬不动土地，长在土里的庄稼也行动不得，伺候庄稼的人也因之像是半身插入了土里。[3]农业的出现，为村落的产生和村落群的形成，乃至城邑和国家的出现，打上了浓厚的农耕烙印。这种聚村而居的农业形态和自给自足的经济类型，使得农民十分依赖脚下的土地。中国的乡村便在地方性的限制下，形成了生于斯、长于斯、葬于

1 彭兆荣 . 重识“村落—家园”——后疫情时代传统村落的人类学再考察 [J]. 西北民族研究 , 2021(1): 168-177.

2 胡彬彬 , 邓昶 . 中国村落的起源与早期发展 [J]. 求索 , 2019(1): 151-160.

3 费孝通 . 乡土中国 [M]. 北京 : 北京大学出版社 , 2012.

墙子路城堡（2021年）

斯的乡土社会，推动着村落到国家的建立，让中华大地从分散走向统一，也是对早期人类社会从血缘到地缘再到文明的重组与整合。

农耕文明在沃野千里的中原大地蓬勃发展，无论是战国诸侯纷争，还是大一统王朝建立，都注定了需要安宁稳定的封闭空间来保护生产与生活。当游牧民族南下侵扰，一批又一批的人一路北上，屯边筑城，守卫边疆。他们远离家乡，在山麓峡沟、边城要塞，建起新的家园，为中国社会血缘到地缘再到文明，带来新的重组与整合。

戍边将士来自五湖四海，长城脚下多民族聚集，越来越多的人迁徙到此从事生产活动。星罗棋布的关口堡寨随着岁月的变迁，渐渐由屯兵驻军形成聚落，在长城脚下落地生根，繁衍生息，播撒文明。他们因战事而来，却未因战争消散而离去。而今长城依然屹立山巅，长城沿线的村落濡养着戍边人的后代，繁衍生息，维持着与长城的血脉联系，延续着长城的不朽精神。乡音渐改，他乡已成故乡，一个新的文化——长城文化，静悄悄地在新的家园萌芽着、生长着。一片山水因长城而兴，一方百姓因长城而聚，而一代代人的驻扎与集聚，为肃穆冰冷的城墙带来了新的生机。

“都说长城两边是故乡，你知道长城有多长”，这首登上1994年“春晚”的歌曲《长城长》，正是对那句唱响大江南北的“万里长城万里长，长城外面是故乡”一次跨越时空的回应。无论历史的长河如何奔涌而去，中华民族对这片祖祖辈辈生活的土地永葆最深厚的家国和乡土情结。

乡者，向也。人生旅途崎岖修远，起点站是童年。人第一眼看见的世界——几乎是世界的全部，就是生育自己的乡土。[1]“胡马依北风，越鸟巢南枝”“树高千丈，落叶归根”是乡土，“烽火连三月，家书抵万金”“西北望长安，可怜无数山”是乡土，“此身如传舍，何处是吾乡”“却道，此心安处是吾乡”也是乡土。“日出而作，日落而息”的耕作方式，铸就了农耕文明的基本范式，“小农经济”的生产模式则强调了世世耕作、代代传承

1 柯灵.乡土情结[EB/OL]. (2014-09-29) [2021-12-20]. https://www.wenming.cn/book/szjy/201409/t20140929_2209166.shtml.

的农耕文明特点。封建政权的户籍制度与儒家思想传递的宗族亲情观念，让人们在长期耕作的过程中，生成了眷恋故土和难舍亲情的思想。[1]“乡土”，便在时空变幻中，将自然与人紧密结合的关系，深深刻进了这个东方大国的基因之中。

一方水土养一方人，一代亲情传一代人。家，为一个人提供了最天然、最纯粹的个人精神、情感和利益的基础。乡土，是对故乡山川河流、屋舍建筑、方言习俗的映象，也是对家和亲情的眷恋。“归人望烟火，稚子候檐隙”“临行密密缝，意恐迟迟归”，家是饥饱寒暖、悲啼笑乐、爱恨情愁的寄托与向往。“家”“乡”，共同构筑了家国天下中最基础，也是最厚重的情怀。所以，哪怕是岁月流逝，山河流转，以乡土为依托的情感也转化为了难以磨灭的情结，构建了一个以中华文明为纽带的精神家园。

诚然，土地的耕种离不开劳作的人，但中国人民从不畏惧迁徙，离乡的脚步也不会因“怀土重迁”而受到羁绊。[2]无论是朝廷统治者推动的“湖广填四川”，还是民间自发的“走西口”“下南洋”“闯关东”，或因避难，或因灾害，或因政权更替，或因社会变革，让中华民族在流动中融合，在融合中孕育新的家园。长城与长城脚下的村落，便是这个融合推动的结果。

“百里不同风，千里不同俗”，长城的两侧并立着农业与游牧两大社会，因为有了长城的聚集，完全不同的生产生活模式便在这里交融交织，吸引着长城内外的人们在此交流和生活，这些吸收了两种截然不同文化的村落，成了整个长城聚落区域的有机组成部分。[3]北京的长城，大规模建于明代，明朝政权在沿线设置了大量以军事防御为目的的聚落。随着清军入关，虽然大多数堡寨丧失了军事功能，但因为前朝的屯田戍边，并没有沦为废墟，而是演化为今天的村落。如今，除遗留的长城墙体、敌台角楼等设施供人们追怀凭吊，长城沿线独特的历史文化村落，也成了长城地区人文地理特征的重要载体。

---

1 高申贵 . 关于中国人乡土情结的文化思考 [J]. 吉林工程技术师范学院学报，2018, 34(7): 78-80.

2 罗晓翔 . 乡土情结与都市依恋 ：论晚明以降的中国城乡观 [J]. 江海学刊，2020(4): 195-204, 255.

3 陈喆，张建 . 长城戍边聚落保护与新农村规划建设——以昌平长峪城村庄规划为例 [J]. 中国名城，2009(4): 36-39.

古戍烽烟与夕阳村落

长城村落，是一个个有机体，是一个个活着的系统。纵使关隘、营寨现多已残败，但名字和历史以村落的形式延续至今，仍然保留着中原农耕与草原游牧厚重的传统和绵远的记忆，以及“燕然未勒归无计”的戍边军事文化。

北京长城境内共经36镇，逾260个村，其中长城文化带所在民俗村有165个。在自2012年起至今住房和城乡建设部公布的五批中国传统村落名录中，北京共有22个传统村落入选，涉及长城分布地区的有17个，门头沟区以12个居首，密云区3个，昌平区和延庆区各1个。以长城边关文化为主要特征的有门头沟爨底下村、沿河城村，昌平长峪城村，密云古北口村、令公村等。这些村落与京郊长城的其他村落一样，沿着山峦走势展开，形成了带有天然防御屏障的特有格局和地域建筑特色，共同记录了长城的历史轨迹，客观反映了村落风貌与长城建设之间的相互联系，活态传承了长城地区的风土人情和文化内涵。

《读史方舆纪要》这样记载，“大道为关，小道为口。屯军曰营，列

沿河城（2020年）

守曰寨”。长城关口营寨和城堡在漫长年代的演进中，逐渐演变为了村落，也加进了感情因素。比如人们习惯地将关门面敌的外侧称为关，面己的内侧称为口，所以口里口外是对己说，关内关外是对外说，关口的含义便有了新的内容。村落的命名也与这些关口营寨息息相关，长城线上以“屯”“营”“寨”“城”等命名的村落大多与戍边建寨有关。

古北口镇，位于密云区，境内有“京师锁钥”之称的古北口长城，古北口是燕山山脉中通向华北平原最大的一处关口，尤其是在辽、金、元、明、清时期，发生多次争夺古北口的大小战役。古北口战时是浴血厮杀的疆场，平时又是贸易和文化交流的通路。如今的古北口镇，整座关城基本保存了下来，留存着珍贵的军事历史遗存和独特的地方民俗文化资源。

将军关村，位于平谷区，是京东第一道防线——将军关长城下的传统村落。将军关村，是典型的北方传统村落，历史上为咽喉要道，当时长城修有正关水口，关左右各建墩堡一座，驻军戍守。如今，将军关大部分已经毁于战火，只有关城基址和将军石屹立于此。

渤海所村，位于怀柔区，是长城脚下重要的古村。渤海所为明代重要的军事指挥机关，随着明十三陵部分陵园的建立和附近长城的修建加固，明廷在该地设立“拱护陵京”千户所，并建设了渤海堡寨，称之为“渤海所”。明代灭亡以后，渤海所的名字沿用至今。今渤海所村，西起水塘子，东至慕田峪，构成了长城环抱村落的独特景观。

爨底下村，位于门头沟区。“背靠龙头浸水，前照金蟾望月”，因位于明代军事隘口“爨里安口”（又称爨头）下方而得名。正史记载，明朝为加强天津关、爨里安口一带隘口的防守工作，派军队在此驻防，因驻守军户及随军家属逐渐繁衍而成村落，所以村内大姓多为守关人后代。古时爨底下村四面环山，位置险要，位于天津关古道中，是京城连接边关的军事通道之一，又是通往河北、内蒙古一带的交通要道，还曾是京西古道上一处繁荣的商品交易场所。爨底下村也是中国北方地区保存完整、具有独特价值的山地四合院建筑群之一。2003年，爨底下村被建设部、国家文物局评为“首批中国历史文化名村”，2009年被评为“北京最美的乡村”。

长峪城（2021年）

长峪城村，位于昌平区。“长峪”又写成“常峪”，是太行山余脉上的一道山谷，顺谷而下又是一个山口，在明代成为一处卡守要冲，因防御的需要因而有了“长峪城”。长峪城是长城的配套军事设施，与附近的白羊城、河北的横岭城和镇边城共同组成了居庸关以西的军事防御体系，是京西北最后一道防线。明代以后，军事功能渐渐失去，守城将士各自奔去他乡，直到清朝政府接管后，逐渐利用城内外空地建起了民居。目前，长峪城已经演变为了昌平西北山区的一个传统村落。

“古戍烽烟迷斥堠，夕阳村落解鞍鞯”。以军事关口、营寨、城堡等命名的传统村落还有镇罗营村、黄花城村、白马关村、岔道村、白羊城村等，曾经皆为长城沿线带重要据点，有着不同层次和等级的军事地位，体现着屯戍一体、耕战结合的军事文化。同时，还有很多传统村落与长城地区的历史文化、民族交流息息相关，比如平谷区的挂甲峪村、太后村等。

挂甲峪村与北宋大将杨延昭杨六郎有关。杨延昭作为北宋时期的忠臣良将，相传曾在今挂甲峪村的一处山沟中暂时关押辽军俘虏，并卸甲挂树，小憩于此。所以后人将此地称为“挂甲狱”。明朝在此立营屯兵，而“狱”字又为兵家忌讳，故改名为“挂甲峪”。太后村则流传着一段前朝往事和传说，曾经声威显赫的契丹女主萧绰，辽承天皇太后就出生于此。萧绰，小字燕燕，不仅县志多有记载，平谷民间关于萧燕燕的传说也很多。历史的口口相传虽有神话演绎的色彩和刻意的政治需求，但萧太后出生地的传说却一直在此地延续，成了今天“太后村”的名称来源。

无论是军镇古堡，还是民间传说，长城下的传统村落与长城都有着千丝万缕的联系。纵然有一部分村落随着时间流逝，消散在了边关烟云中，但正是因城而聚、因人而成的村落，承载了长城厚重的历史，用名字向世人讲述着长城一段段或沉郁顿挫、或慷慨激越的故事。

儿童能探火，妇女解缝旗

随着长城关隘的修建，戍守长城的官兵陆续到来，他们长期生活居住在这里，渐渐繁衍成为军户村落。由于这些村落大多由军户和军户后裔组成，无论在生活起居上，还是在生活习俗上与其他村落有着诸多不同。而随着戍边生活的逐渐稳固，村民不再拘泥于单调的军营规定，开始追求更为丰富的生活，于是各种多彩又极富军旅风情的边塞文化绽放在了长城起起伏伏的沿线上。如今，在这些村落中传承下来的民风民俗中，依然可以寻找到当年的影子。

京西门头沟的长城下，“军户村”村民大多会唱两句山梆子戏，这应与当时长城戍兵有关。明代为了防御蒙古铁骑和后金军队的攻扰，在北京西部、北部地区修建内长城，以作为保护京师的最后一道防线。当时实行“南兵北戍，眷属随防”政策，从南方调来军队戍守内长城上的关口。

柏峪村就是现存典型的“军户村”之一，其西北有一座次边长城重要关口——天津关，是北京内长城上的一处重要关隘。当时戍守天津关的是从河南调来的军队，军士戍守关口，随军家属在山下不远处定居，垦荒种地，其后裔逐渐繁衍成村。柏峪秧歌戏正是由天津关守口的将士从河南老家带来的地方小剧种，传入京西后，与当地的方言、山歌小曲，以及其他剧种相结合，使原来的剧种具有了斋堂川的风味。因为仅存在于由守口军士后裔形成的柏峪村，故名“柏峪秧歌戏”，至今已有400多年历史。柏峪秧歌戏与元曲有一定的联系，演出剧目《清风寨》《红鬃烈马》《罗衫记》《芦花记》等都出自元代杂剧名家之手，秧歌中的唱词、唱段有不少使用与元代杂剧中的散曲、小令相同的写作形式，现存的曲牌也显露着元杂剧的影子。正因如此，柏峪秧歌戏被北京市的戏曲研究专家称为“戏曲文化的活化石”。

为修筑和驻守长城，大量军兵和军眷从全国各地源源而至，随即一个个“军户村”也纷纷出现。“民以食为天”，一时间，开荒种地形成高潮——原住民要种地，“军户村”中的军人家属要种地，就连在军的军人们每月的饷银中很大一部分也要通过实行军屯种地获得，最多的时候一名军人要种50亩地。山区种地，水在低处，田在高处，大部土地都是“望天田”，军民都得靠天吃饭。由于位置不同，土地墒情、气象条件也稍有区别，旱涝情况不一，就需要求天祈雨，加之军士来自各地，每个村落的祈雨习俗也不尽相同。爨底下村每年农历六月二十二日祭龙王，祈求龙王保佑风调雨顺，五谷丰登。祭祀龙王的仪式非常隆重，在大庙的龙王像前供奉整猪一头，全村人齐跪在庙院西侧，由村中长者主持公祭。首先由主祭人上香，行三拜九叩礼，庙里撞响大钟，公祭人读祭文，歌颂龙神的功德，并祈求风调雨顺，最后焚表，将愿望送达龙廷。黄岭西村位于深山腹地，地无三尺之平，修建梯田地亩艰难。水贵如油，再遇天旱，更是雪上加霜，所以祈雨成了村中的一项重要活动。村中的乡约绅士组织村民敲锣打鼓，抬上“娘娘架”奔向清泰寺的龙王巷子的山泉奏乐跪拜，先给“娘娘”洗脸，摆上供品，再用一个盛水的葫芦放入灵泉中让它自然灌水。葫芦漂在水面，并不容易灌上水，而为了表示虔诚，众人只得跪拜久等，直到灌满为止。石河村求雨的方式比较特殊，是宰一只羊，把羊皮扒下后，趴着放在桌上供起来，跪拜老天爷，或者把宰后的羊背到山神庙供上再跪拜。

除了庙会社火，军事文化也融汇到了民间活动中。游戏“跑马城”便是其中之一，小孩子们分为甲、乙两队，形成相距十余米的两列，手拉手形成人墙，并相对而站。两队要互相

洗马林城堡（2019年）

呼喊长城作战和与信使交流时的口号，并通过奔跑和冲撞赢过队员。这类斗智、斗勇、斗力的闯关守城游戏将长城军事色彩展现得淋漓尽致。

军风遗存，妇孺皆能言兵，乡风村俗尽显兵事。戍守边疆的千万英雄将士将他们的家带到了长城脚下，故乡的风景或许是带不走的，但故乡的习俗早已与这长城边关融为一体。正是长城独特的人文历史，让传统的村落熠熠生辉于边塞风云之中，成为远在他乡的士卒们的长久依靠和精神家园。

留一段乡愁，许一个未来

“命运给我的，是多么奇怪的一种安排啊！我有一个很美丽的汉文名字，可是，那其实是我的蒙文名字的音译而已，我有一个更美丽的蒙文名字，可是却从来没有机会用它……我熟读很多国家的历史，我走过很多国家的城市，我甚至去了印度和尼泊尔，可是我却从来没见过我的故乡”。台湾诗人席慕蓉在她的四十岁前从未见过她草原上的故乡，虽然她有着紧密相连却又特质不同的两个故乡，即使父母一直跟她说起塞外和草原，但出生于重庆的她只能将这双重的故乡思念反复抒发在文字中。[1]

故乡，对于一个人来说，是一生中无法抹去的痕迹，是远在他乡的游子、背井离乡的人们难以回去的乡土。长城，是人文地理与自然地理的过渡，农业和草原势力接触并汇合于此，却没有任何一方能永远统治，在长期对峙下，长城也离不开了这些将士军民。没有战事的时候，戍边的人们就开垦田地，奔波的商旅走贩也往这里聚集，久而久之，生活也就热闹了起来，直到若干年后，这个新的家园就成了另一批人的乡土。雁过一阵，春秋一程，思念化作了名词，而乡愁变成了动词。“浊酒一杯家万里，燕然未勒归无计”，月儿从城墙上掠过的时候，戍边的将士是否会朝着家乡的方向思绪万千，在几杯浊酒中互相道着曾经的故事。当新的一批士卒加入，当亲人朋友前来，他们又是否会有“君自故乡来，应知故乡事”的激动与无奈。他们盼着故乡的时候，这片驻守的土地也悄悄成了那个忘不掉的乡土。

从岁月中留下来的这些村落，随着长城烽火的消散、城市的繁荣、思想的转变，“蛮荒”与“落后”变成了乡土深深的印记，乡土文化与乡愁情绪的同一性就此开始皴裂，呈现出一种告别与流连、否定又难舍的缠绕样态。[2]长城的村落，见证了一批人的远去与迁移，承载了一批人的乡愁，重复着无声的回响。变动不居的现代社会，重组了传统社会稳定的生活模式和关系，过往的故事难以成为新世界的指路明灯。那些关沟屯寨里的村子，何去何从？

中华民族最久远绵长的根并不在城市中，而是深深扎根在这些村落里。具有独特的民风民俗和民间艺术村落文化，不仅映射出了审美取向和价值观念，而且奠定了华夏文明中文化历史与民族精神的丰厚基础。在现代化进程的道路上，乡村向着城镇化迈出了坚定的步伐。有的村子在进程中消失了，有的抛去了“落后”物件，有的则遗忘了古老的习俗。故土难离，故土难归，乡愁就这样被想象与建构出来。建构的主体，主要是知识群体。

1　于秀娟 . 长城内外皆故乡——席慕蓉的双重乡愁 [J]. 内蒙古民族大学学报 , 2012, 18(6): 28-29.

2　陈月异 . 回不去的故乡，挥不去的乡愁：乡愁纪录片的现代性焦虑 [J]. 华中学术 , 2021, 13(1): 233-240.

乡愁是指向过去、指向故土与来处的，只需要一阵微风吹过，便泛起涟漪，是如此的轻，像绒毛一样浮起；又如此的重，像泰山一样落下。[1]长城不也承载着这样的乡愁吗？

乡土，是居住繁衍的地方，是想要摆脱“落后”也想摆脱“嘈杂”的地方。当一批一批的人们登上了长城，有些村子里热闹了起来，有些依然沉静。当一批一批的人们歇脚暂住后，又都回归了寂寥。长城脚下的村落，经历了一个新家园变为乡土的过程，听惯了铁蹄铮铮与鼓角争鸣，见证了一个个朝代政权的更替，也与长城一起成为北京建城与建都历史中的重要内容。长城是不会走的墙，村子里的人走了，长城没有挪动过一步；村子里的人回来了，长城还在这等着。

村落在寻找着那些被遗弃在角落里的习惯，也在改变着蛮荒的窘境，需要人回来也需要留住他们。就像乡村旅游并非仅仅发展乡村经济，淳朴的村落不是赚钱的工具，乡土文化完整而真切才能望得见山、看得见水、记得住“乡愁”。村落的意义首先就是“乡愁”，这是民族内聚的向心力，是大地上的根，是五千年来休养生息的精神家园。“如同小小的邮票，粘贴着最热切的期望；如同软软的泥土，记录着最愉悦的足迹；如同轻轻的鸟巢，亲见着孩子的高飞”。乡愁，并不是要回到那贫弱落后的时代光景，并非畏惧生于斯的人不再倦返，而是将山谷溪涧、砖石瓦墙、关屯寨堡根植为无法抹去的精神价值，一代又一代地传承与传播下去，让未来照见故乡，让乡土看见未来。

每逢春节的时候，屋顶上再次冒出了炊烟，寂寥经年的村落忽然又复活了，带给人一种朦胧的希望。[2]长城，是这些村落兴起的源头、存在的依靠，长城洞察着在这里生活的人们的乡土情结。长城的村落要去向何方，或许还没有标准答案。但我们知道，家国在，家园就在；长城在，村落就在；乡愁在，人就在。

1　石艳侠 . 流浪的故乡 [J]. 当代人 , 2019(10): 20-23.

2　熊万胜 . 村落的未来形态 : 在农庄与社区之间 [N]. 学习时报 , 2014-09-29(4).

第四章

人类的共同财富

横亘东西，贯通南北，风烟千载，蜿蜒万里，长城如巨龙翻腾于巍巍群山，穿越于日月光阴，托起了中国的磅礴大地，屹立在世界文明之林。世事变迁，风雨沧桑，长城早已从军事功能的物质形式，化作了文化的意义，存在于中华文明之中，凝聚着团结统一、众志成城的爱国精神，坚韧不屈、自强不息的民族精神，守望和平、开放包容的时代精神，以雄伟的姿态矗立在中国人的心中。

1908年，威廉·埃德加·盖洛（William Edgar Geil）完成了从山海关到嘉峪关的徒步考察，出版了世界上第一本关于长城的专著《中国长城》。2008年，在北京奥运会开幕之际，也是威廉·埃德加·盖洛探访长城的百年之际，威廉·林赛（William Lindesay）组织的“万里长城·百年回望”图片展在北京首次展出，这场两位“威廉”的时空回应，引发了来自全世界长城爱好者的共同关注。如今的长城正以全新的价值内涵，吸引着全世界的目光；以中华民族的精神内核，向世界传递着铿锵有力的声音。

金山岭长城（2019年）

长城，是古老的，也是当代的；是中国的，也是世界的。

“不到长城非好汉”

“不到长城非好汉”，对于中国人来说，长城是意志与勇气的象征。中国的伟大领袖毛泽东于1935年写下的这一诗句，成为当代长城的最佳广告语。八达岭、山海关、居庸关、嘉峪关等长城点段早已成为必游之地，沿线开发中的其他景区也不乏中外游客，其中又以八达岭长城最为人们熟知。以八达岭长城为代表的长城段落因修筑得最为高大坚固、质量最好，于1958年正式对游人开放，是新中国成立后最早进行修缮和对外开放的长城段落，已成为世界国宾接待第一景区，是中国重要的国际政务接待平台和国际交往窗口。开放至今，已累计接待中外游客逾2亿人次，500多位国家元首、政府首脑和世界风云人物在此留下足迹。

长城的历史、现实和未来是相通的，长城功能历久弥新，长城文化世代相传，长城蕴藏着中国历史文化中丰厚的国家治理观念，即中国古代所倡导的民本价值理念。伫立在高耸的城墙之上，站在当今的视野之中，人民性，就是对长城向心力、凝聚力最好的诠释。伴随中华文明千百年来发展的进程，长城承载了民众对美好生活的向往。中华民族坚守的核心理念与中华民族不断前行的动力，正是基于这样的价值观念之中。

万里长城体现的是人民群众的勤劳智慧，是中华民族维护统一的见证。在中国人民及世界人民的心目中，和平是合乎正义的，必然受到人民的支持和赞颂，而制造民族分裂、破坏民族统一，违反广大人民的意志，势必遭到历史的谴责。中华民族筑造了伟大的长城，同时也铸就了“自尊、自信、自立、自强”的长城精神，这种精神为中国人民团结奋进、振兴中华提供了强大动力，也与世界文明发展的理念不谋而合。当“长城脚下的世园会”“长城脚下的冬奥会”相继举办，北京长城，正代表着中国，向世人展示深厚的文化底蕴和丰富内涵，体现中华民族政治国脉、历史文脉、生态山脉、经贸动脉、社会人脉的长城价值，以兼容并蓄的文化内涵向世界不断发出邀请的声音，展现不断前进开拓的中国形象，吸引着世界各国的目光。

1754年，人类还未进入太空的时候，英国文物研究学者威廉·斯图克利（William Stukeley）从长城在地球仪上占比推测：“长城是月球上唯一可用肉眼看见的人造物。”虽然这句话在200多年后被证伪，但却成了长城在全球传播的鲜活标语，“长城”这个具有广泛传播性的文化标识，渗透到了中国乃至世界生活的方方面面。根据中国商标网对含有“长城”的商标查询显示，已有超过4000个商标被注册，涉及食物、酒店、汽车、医药等多个领域。长城已经从地理地标走向了文化生活，从中国走向世界，从历史走向未来。

长城、兵马俑和汉字

爱因斯坦曾说：“我深知物质的重要，所以我选择物理学，但我研究到最后，发现物质的尽头屹立着精神。”长城对中华民族而言，已经不是一个古老的工程，早已成为对外传播中华文明、中国精神和中国风貌的重要文化符号。世界各文明古国中，中国并不是历史最悠久的国家，也不是使用文字最早的国家。但中国是四大文明古国中，文明体系没有中断的国家，也是最重视历史的国家，最重视文化传承的国家。

秦始皇“筑长城，修驰道，制兵马，统文字”，奠定了古代中国“车同轨，书同文，行同伦”大一统的历史格局，也是中华文明源远流长的重要原因。有国外科学家说中国有“三宝”：长城、兵马俑和汉字。“长城”是伟大建设能力的象征，“兵马俑”是伟大组织能力的象征，“汉字”是伟大文化传统的象征，伟大的中国是“长城、兵马俑和汉字之国”。此三者在2008年北京奥运会的开幕式上，以不同形式呈现在了中华文明画卷中，展示中国的深厚文化底蕴。某种意义上可以说，“三宝”是中国传统文化的象征。

中华民族的伟大复兴，就是汉字与其所承载的优秀传统文化的伟大复兴，“盖文字者，经艺之本，王政之始，前人所以垂后，后人所以识古”。在中华民族的形成过程中，汉字作为汉语的最重要的交流手段，作为记录汉语信息的载体和传媒，凝聚了中国人的智慧。在整个中华民族的政治、文化、经济生活中，一直起着无可替代的重要作用。[1]

世界五大文字发源地，两河流域苏美尔人的钉头字、尼罗河流域古埃及的圣书字、美洲的玛雅文字都已成为历史陈迹，印度梵文也早已不是社会通用的文字。唯独“表音”“表形”“表意”三位一体的中国汉字经久不衰，完整地保留下来，与“原生文明”相辅相成，成为维系国家统一的重要支柱。梁启超曾言：“我国文字，行之数千年，所以糅合种种异分子之国民而统一之者，最有力焉。”作为世界文明史上最长寿、最具活力的文字，汉字以融合、开放的“天下观”深刻影响了朝鲜、日本、越南等周边许多国家的历史，形成了“汉字文化圈”，正如安子介先生所说：“在世界上百多种文字中，汉字对人类文明起了促进作用，在历史上是无与伦比的。”[2]

作为中国首批列入联合国教科文组织世界遗产名录的遗产地之一，兵马俑被誉为“世界第八大奇迹”“二十世纪考古史上的伟大发现之一”。兵马俑是中国帝陵最庞大的陪葬坑，反映了军事政治状况的重要场面，而且是中国殉葬史上首次大规模采用陶土塑品代替真人陪葬，展现出了鲜明的

1 鲁毅 . 汉字——中华文明的历史丰碑 [N]. 光明日报 , 2007-04-06(9).

2 李敏生 . 安子介论汉字是中华民族文化的根 [J]. 汉字文化 , 1996(1): 21-25.

金山岭长城（2020年）

人性解放意义。[1]制俑的工匠们按照将帅士兵的体型和面部表情，塑造了一个个鲜活的人物形象，以超出同期世界的艺术水平与传统东方的军略思想相互融合，反映了中国大一统的社会发展和变化，成为中国文明发展的一个缩影。

成为我国首批世界文化遗产后，长城开始为全世界人民所熟知。如今的长城已成为中国和中华民族的代表性符号，成为向世界展示中华文明历史文化价值的重要窗口。作为中国劳动人民创造的伟大奇迹，长城在2006年被评为“世界新七大奇迹”之首。世界遗产委员会这样评价长城：在文化艺术上的价值，足以与其在历史和战略上的重要性相媲美。

北京长城的营造历经了多个历史时期，历代不断的修筑和维护，留下了大量的历史遗迹和文物。有形的长城蕴藏了中华文明对制度与秩序的追求，而其伟大并不只在于是第几奇迹，也不只在于建筑的精妙与文物的珍贵，而是长城见证了一部民族融合的历史，抽离了物质形态而内化为历经沧桑并与时俱进的文化符号。以长城、汉字、兵马俑为代表的中国优秀传统文化精神，并未因历史的变迁而衰落，而是依然活跃在中华文明的视野中，发扬着“以和为贵”的民族精神和“天下大同”的人民向往，在人类文明史上再谱华章。

万里长城今犹在，但留形胜壮河山

陈丹青在读威廉·林赛《我的长城生活》时写下的《漫长的惊讶》中认为，“长城可能是遍世界超规模的古代遗迹中，最令人惊讶不置的景观”。威廉·林赛，被称为“保护中国长城的英国人”。“作为一个长跑者，面对一座长而古老的墙，他别无选择，只想沿着它奔跑”。这是威廉·林赛在1987年跑完长城后所著《独步长城》一书中的话，以此来解释自己跑长城的初衷，初到长城的他认为“长城不仅仅是世界上最伟大的建筑，还是人类宝贵的财富，它蕴含着一种精神”。林赛不是第一个到长城的外国人士，也不是唯一一个保护长城的人，但从在长城上捡垃圾到成立“国际长城之友协会”，“长城”这个名字便从

1 赵士祯．中华文明与秦兵马俑的核心价值 [J]. 新西部（下半月）, 2009(5): 123-124.

他的童年伴随着他，直到他来到中国。直至现在，威廉·林赛仍致力于长城的事业中，他保护长城的举动在国际范围内获得了广泛认可，中国媒体因此称他为“探索长城最成功的外国友人”，中国政府授予他“友谊奖章”，英国女王伊丽莎白二世授予他英国皇家最高荣誉“帝国勋章”。威廉·林赛曾说，长城充满了无穷的魅力，对长城的爱，终其一生也不会停止；长城急需人类保护，毕其一生也无怨无悔。

古罗马历史学家阿米安·马尔塞林（Ammianus Marcellinus）曾提及古老东方的“赛里斯”国被高高的城墙环绕。随着明代西方传教士亲眼目睹长城雄姿之后有了更翔实的记载，长城在世人眼中的形象愈加清晰。对于世界，长城便是这个东方的国度最明显、最重要的象征。1998年和2002年，中国长城学会副会长董耀会先生曾先后在克林顿、布什两位美国总统游览长城时担任讲解专家。当美国总统面对长城这一人类伟大的防御工程时，提出了一个大多数人都想知道答案的问题：“为什么要耗费这么大的人力和物力来修筑长城？”董先生当时这样回答：“要建立起农耕与游牧交错地带的秩序才会修长城，中国人修长城是为了和平，因为修建长城的人不可能背着长城去打仗。”

“万里长城今犹在”，长城依然安静盘亘在中国的大地上。五千年的历史中，虽多次改朝换代甚至是几度处在危机边缘，“以和为贵、自强不息”的民族精神都始终使得中华文化有着一脉相承的体系并不断前进发展。[1]纵然朝代的更替使得外在的礼法制度、文化表现形式多少发生了变化，但其中不变的是中华民族长期继承和发扬的“以和为贵、以礼待人”的处世核心价值。在漫长的古代和中世纪，世界上的许多地区都曾修筑过大型的军事防御设施，但论持续构筑和使用年代之久长、形制规模之复杂宏伟、分布范围之辽阔、影响之深远巨大，长城都理所当然地名居榜首。[2]但今日之长城却已不再是封建王朝统治者修筑的防御工事，而是作为中华民族的精神象征，深深融进中华民族的血脉，反映着中华民族的过去、现在和未来。

1 马超．“以和为贵，自强不息”民族精神的重要价值 [J]. 青年时代 , 2020(3): 96-97.

2 朱耀廷 , 等 . 战争与和平的纽带——古代长城 [M]. 辽宁师范大学出版社 , 1996.

蟠龙山长城（2019年）

这样的转向，使今日之中国，不再站在长城看长城，不再站在中国看中国，而是站在全球未来走向的高度看待中国本身的发展和影响，让长城的视角与表达方式，根植在中国与世界的价值内核之中。

曾几何时，坚船利炮叩开了“天朝上国”的大门，农耕文明、游牧文明、海洋文明三种文明在华夏大地上迎来了第一次强烈的交汇碰撞。坚固的城墙在炮火中渐渐褪去了往日的风采，高大的骏马在轰鸣中悄然隐去了驰骋的雄姿，历史的洪流摧枯拉朽，风卷残云，却带不走那一份家国天下的记忆。善于在历史中发现和总结经验的中国人民，从未丢掉以天下为己任的人文情怀、自强不息的奋斗精神和对未来美好生活的向往，在断壁残垣中坚强地筑起又一道新的长城。

长城文化两千载，中华文明五千年，深深影响和塑造着了中国人民的思维方式、审美意识和情感表达，构筑并坚守着淳朴而理想的天下观——“天下者，天下人之天下”，推动着中华民族多元一体格局的形成。世界文明的历史揭示了人类社会是多元文明的社会，人类历史就是一幅不同文明相互交流、互鉴、融合的宏伟画卷。无论是玄奘在《大唐西域记》中对中亚、南亚文明的描绘，还是马克思在人类学笔记中对东方文明形态的书写，抑或是汤因比在《历史研究》中对26个文明类型的归纳，都告诉了人类一直存在以文明多样性为结点的时空建构路径。从纵向来看，以科技、道德、制度等要素为标尺的阶梯式运动中，衍生了茹毛饮血的原始文明、田园生活的农耕文明、机器生产的工业文明和人工智能的信息文明。从横向而言，无论是大河文明与海洋文明、东方文明与西方文明的划分，还是各地区文明的区隔，文明的多元并行始终是世界在同一时序的自然图景，为相互学习、相互借鉴、相互促进提供了重要的文化基础。

“大道之行也，天下为公”，世界是人民的世界，即是儒家思想中倡导的“大同社会”。“大同”，即为“天下”之“大同”，是世界之“大同”，是以尊重人的生存、维护人的尊严、保障人的权利为路径的世界文明发展思想，与中国优秀传统文化中“天人合一”的生态观、“协和万邦”的政治观、“义利合一”的利益观、“人心和善”的道德观[1]一脉相承。这种“和合”思想使得不同种族、地区和国家，以及具有不同历史文化背景和发展道路各异的人们能够和谐共生、相处。2017年3月17日，构建人类命运共同体的理念首次载入联合国安理会决议。人类命运共同体的理想，是在传承历史文化基础上，对和平理念认识的再次升华。[2]长城作为和平的象征，见证了中国发展、贯穿着中国历史，由此孕育出“天下为公，世界大同”的理想情怀。

人类有肤色语言之别，文明有姹紫嫣红之别，但无优劣之分。世界文明历史揭示了一个规律：任何一种文明都要与时偕行，如果长期自我封闭，必将走向衰落。长城不是文化的分水岭，长城内外的游牧和农耕文化都是中华文明的有机构成，没有高低之分，今日之中华也正是两者共同演进的结果。

以当代视野观照长城，昔日雄关仍在，点染中国的山川河岳。而长城精神、长城的一体多面，在向世界传达中国艺术、中国文化、中国价值的同时，已然成为了牵连世界人民命运，共筑美好未来的共有精神财富。

1 唐坚．天下为公，世界大同——以中国优秀传统文化视角辨析人类命运共同体的时代内涵 [J]. 南方论刊，2021(6): 14-17.

2 李戈瑞．长城是中华民族复兴的文化符号 [C] // 中国长城学会，八达岭特区办事处．中国长城文化学术研讨会论文集．北京：中国书籍出版社，2019: 75-79.

八达岭长城（2021年）

第三编

長城生态之美

北京的長城

长城，是雕刻在大地上的诗行，是人类与自然牵手，合力写下的世间最美篇章。这种美，不仅闪耀着人文价值的光芒，还是自然意义上的美，自然景观与人文景观高度统一，在此实现了完美融合。这种美，根植于自古以来中华民族『天地与我并生，而万物与我齐一』的『天人合一』思想，烙印着『崇尚自然』『师法自然』的中国传统建筑思维审美观，又隐含着气候地理自然对人类文明的巧妙着力。我们从这种美中，领略大自然的奇妙，领悟大自然的深邃，感恩大自然的馈赠。我们也从这种美中，用心体察自然的脆弱，小心呵护自然的平衡，平等对待自然生灵。跨越更宽广的时空，在历史与现实间穿梭，以更宏大的视野，以更细微的观察，一起探寻长城的生态之美。

第一章

长城的生态空间

宇宙大爆炸后，混沌初开，孕育日月星辰，始有天地。乾坤氤氲，化育万物，始有人类。人类诞生，始有灵智，开始了对天、地、人三者关系和规律的漫长而艰辛的探索。[1]自古以来，对人与自然关系的思考一直伴随中华民族发展的始终，古代先哲“仰观天文，俯察地理，近取诸身，远取诸物”，通过实践、思考和感悟，孕育了以“天人合一”世界观为核心的人与自然和社会基本关系的认知体系，并作为中国传统哲学思想中的本原性概念，成为构筑中国政治、经济、军事、文学、艺术、建筑等各个领域的底层思维模式，深刻影响了中国古代历史和文明。长城所处的自然环境、生态空间，以及其内含的中华营城理念，也体现了这种思维的影响。

大山之下，广川之上

历代长城基本修建在中国北方燕

1　连玉明 . 六度理论 [M]. 北京：中信出版社，2015.

山、阴山、太行山、贺兰山、六盘山、祁连山、天山等一系列山脉的山脊上或山脉南北邻近地区的冲要位置，将墙体与山崖、峭壁、沟壑、峡谷、河流、森林等自然险阻相连，形成一道人造工程与天然地形互相补充的军事防御线。[1]也由此成就了长城穿越崇山峻岭、山涧峡谷，绵延起伏、雄伟奇异的“经典形象”。

北京处于华北平原北端，燕山山脉贯穿其境，是中原通往东北地区和北部坝上内蒙古草原的天然屏障，也是汉族与北方少数民族的天然分界。[2]观察长城所处的地形地貌，其走向、建筑的体量、选用的材料等，也都根据所经之处地形的不同特点，从东向西沿燕山和太行山内侧山脊延伸。但从行政区划来看，平谷区、密云区、怀柔区、延庆区、昌平区、门头沟区辖区内的长城各有特点，主要受各区域地形地貌差异的影响而形成。同是在崇山峻岭之中，因山势不同，长城显示出不同的景致。更为重要的是，这个区域已成为今天北京的生态涵养区，也是京津冀协同发展格局中西北部生态涵养区的重要组成部分，在北京乃至京津冀地区的生态文明建设中具有重要地位。

“顺天”的智慧

千百年来，中国人一直在寻求一种与自然之间合理、和谐的相处之道。“天人合一、道法自然”是中国人数千年来秉承的建造之道，也是所有建筑理念中最动人的表达。这一点在长城的建造上得到了淋漓尽致的体现。汉末蔡邕说：“天设山河，秦筑长城，汉起塞垣，所以别内外，异殊俗也。”两千多年前，古人因地制宜、因险制塞，于山崖、峭壁、沟壑、峡谷、河流等自然山河之上构筑长城。

如果说山川是大地的骨架，那么河流就是大地的血脉。长城的选址不仅注重“依山”，也尤为注重“傍水”。

北京长城两侧的植被较为丰富。《日下旧闻考·边障》载，“渝关、居庸，可通饷馈。松亭、金陂、古北口，止通人马，不可行车。山之南，五谷百果、良材美木，无所不有，出关未

1　董耀会，贾辉铭．中国长城志 总述·大事记 [M]. 南京：江苏凤凰科学技术出版社，2016:14.

2　北京市地方志编纂委员会．北京志·世界文化遗产卷·长城志 [M]. 北京：北京出版社，2008.

八达岭长城（2020年）

数里，则地皆瘠卤矣”。丰富的植被成为长城风光的重要组成部分，如居庸关两侧植被覆盖率比较高，关城两旁高山耸立，重峦叠嶂，林木葱郁，早在金代就被列为燕京八景之一，称为“居庸叠翠”。同时，长城周边的林木植被也是防御性的屏障，据《四镇三关志·蓟镇经略》记载：“种树木，沿边墙内外虏马可通处，俱发本路主客军兵，种植榆柳桃杏以固边险。”不管是风光景致，还是防御屏障，地形地貌、林木植被都是长城重要的自然环境，共同形成了长城区域的生态空间。

北京地区的河流分为永定河、滦河、大清河、北运河、潮白河和蓟运河六大水系，大小200多条。这些河流不仅塑造了北京南部小平原，而且历史上因为水量较大，多有航运和灌溉之利。长城的修筑在选线、布局、建筑形式等方面都巧妙地利用了长城沿线的河流、湖泊、沼泽等水体，不断加强自然水体与长城的结合，使之共同作用，构成更加强大的军事防御体系。

金山岭长城（2019年）

“‘天人合一’不仅是一根本性的哲学命题，而且构成了中国哲学的一种思维模式”，汤一介先生的这句话道出了“天人合一”思想是中国传统哲学思想中的本原性概念的基本事实。历史的车轮滚滚向前，然而“天人合一”的思想并未在社会的交替中、时代的变迁中戛然而止，而是作为中华民族文化中最基本的思想“原动力”和最具特色的文化因子，流淌在人们的血液之中，跃动在诗词典籍中，凝固在庙堂楼榭、笔墨山水里。不管是从审美趣旨还是思想向度方面看，始终承载着中国“天人合一”价值内涵的中国传统建筑都深深令人着迷。

天造一半，人造一半

“我永远弄不清长城是大山呢，还是长城，是自然景观呢，还是秦始皇的作品。长城令人惊，是在无尽的伸展而延绵，与山体、与大地、与国家版图、与历史记忆，终至无从分辨，汗漫合一”。在为威廉·林赛的《我的长城生活》所作的跋中，陈丹青将长城称为“漫长的惊讶”，他“永远弄不清”的率真直言，恰恰是对长城这座伟大的历史建筑的最大褒奖。

作为古代东方建筑，长城严格遵循了“崇效天”“师法自然”的建造原则。作为军事防御工程，长城完美实现了人造工程与天然地形的互相补充。毫不夸张地说，天造一半，人造一半，这世上才有了长城。可以说，长城是人与自然“合作”创造的建筑艺术作品。如果要给长城这件伟大的建筑作品署名的话，那么“大自然”理所应当拥有姓名。

合作需要智慧，天与人的合作更需要大智慧。自秦始皇时期，充满智慧的中国古人就将“因地形，用制险塞”[1]作为修筑长城的重要指导原则之一。中国历代军事家历来重视利用地形和险塞，被尊奉为“兵经”“百世谈兵之祖”的《孙子兵法》中记载：“用兵之法，有散地，有轻地，有争地，有交地，有衢地，有重地，有圮地，有围地，有死地。”《吴子·论将》也指出，“路狭道险，名山大塞，十夫所守，千夫不过，是谓地机”，这些都强调利用自然地理条件的险要构筑军事防御体系。在长城的修筑中，不

1　出自司马迁《史记·秦始皇本纪》“因地形，用制险塞，起临洮，至辽东，延袤万余里”。

论是选址、布局，还是城墙、敌台等的建造，甚至是修筑时的选材用料等，皆是根据所经之处战略重要性和地形的不同特点，按实际情况灵活确定。

《孟子·公孙丑下》曰："天时不如地利，地利不如人和。"《孙膑兵法·月战》曰："天时、地利、人和，三者不得，虽胜有殃。"中国古时作战讲究"天时、地利、人和"，也由此形成了重地利的思想。这一点在长城的修筑中体现得尤为明显。对于地形地貌的巧妙运用，在长城建筑中创造出许多奇迹。山海关建筑城垣一侧深探入海，另一翼则延展上山，把山、海与城三者建设成为浑然一体的防御体系。在九门口，城在水上建，水在山中流，坚固的防御工事与山水相依。长城西行进入大漠，在穿越黄河时，堤、堰、水均被利用。在平原、草地、沙丘地带则垒墙、筑城，使长城在平坦的旷野中延伸。[1]

《孙子兵法》曰："善用兵者，屈人之兵而非战也，拔人之城而非攻也。"又曰："隘形者，我先居之，必盈之以待敌……险形者，我先居之，必居高阳以待敌。"时至今日，我们依然能从现存长城遗址中看到那些，在"隘形者"与"险形者"上，占据有利地形，以险制塞，"不战而屈人之兵"的战略要塞。《明宪宗实录》中记载："巡抚延绥右副都御史余子俊奏：延庆边疆山崖高峻，乞役山西、陕西丁夫五万，量给口粮，依山铲凿，令壁立如城，高可二丈五尺。山坳川口连筑高垣，相度地形，建立墩堠，添兵防守。"延庆长城的这种"依山铲凿，令壁立如城"的构筑方式，在八达岭东南的东三岔和西三岔的长城上体现明显。在敌人根本无法直接上去的那些悬崖陡壁，古人没有修建八达岭那样的坚固城墙，而是巧妙地利用山险，甚至采取铲削山崖的办法来加强山险，收"易守难攻"之效。[2]不仅如此，这样的构筑方式，从城墙外侧看去非常险峻，内侧则甚是平缓，真可以说是巧夺天工了。

除此之外，"因地形，用制险塞"的原则还体现在长城的建设施工及选材用料上。马建军、周佩妮在《宁夏境内现存古长城的构筑方式探述》中

1　董耀会 . 以险制塞——长城修建的空间原则 [N]. 中国文物报 , 2016-04-08(3).

2　董耀会 . 以险制塞——长城修建的空间原则 [N]. 中国文物报 , 2016-04-08(3).

指出："宁夏有不同时期修筑的长城遗迹……修筑方式多样，因地制宜，采用黄土夯筑、砂石混筑、石块垒砌、劈山就险、自然山险、深沟高垒等多种形式，还有品字形窖、壕堑、荀拉壕等颇具区域特色的构筑方式。"万里长城，连绵不断，所经之处地域及自然环境各有不同，因地制宜、就地取材，就成为节省人力物力、提高修建效率的最佳选择。也正如此，长城才会出现土长城、石长城、砖石长城等诸多使用不同建筑材料的情况。

石头是自然界最为丰富的自然资源之一，它易于开采利用，且成本低廉。再加上其质地坚硬，使用寿命长久，故而成为建筑中较为常见的材料。北京平谷境内长城修筑于山区，修筑者就地取材，以石筑城墙，除关隘、敌楼处用条石做基础，大城砖垒砌，其余皆就地取材，直接用自然石块垒筑而成，不加任何修饰，给人以粗犷豪放的自然之美。这种方法称为"干叉边"，老百姓俗称"毛石干垒"。大石块之间的缝隙用小石块填充，在墙体内还会填充碎石等，民间俗称"碎石填心"。填充碎石的石墙墙体都会向墙体的中心线倾斜，其横断面为梯形，或稍有内倾的四边形，上小下大，收分明显，这是古代筑工们从长城坚固性和稳定性的角度所考虑的。另外，明代筑工还会在石墙中使用石灰白浆勾缝，使石块间黏结力加强，减缓风蚀雨泥导致的墙体坍塌。平谷的"干叉边"石墙看起来构造简单，但是其结构稳定、坚固持久，虽然局部挡不住时间的磨砺出现了自然坍塌，但其筑法流传甚久，至今在平谷山区仍然可以看到百姓们自己垒筑的"干叉边"围墙。[1]

千百年来，古人正是凭借着这种"因地形，用制险塞"的智慧，在崇山峻岭之中，悬崖陡壁之上，构筑起了令世人惊叹的伟大军事防御工事。千载时光悠悠而过，如今且放眼望去，山即长城，长城即山。每当暮色降临，长城与高山浑然一体，自然山体与人文建筑水乳交融，连绵起伏，威严壮观，极具震慑力。

1　北京市政协教文卫体委员会，北京国际城市发展研究院，等．长城踞北：平谷卷 [M]. 北京：北京出版社，2018.

第二章 神奇的四百毫米等降水量线

长城是中国的地理和文化标识。北京区域的长城与我国的400毫米等降水量线走势基本一致。这条分界线具有象征农耕文明与游牧文明分界的重要含义。从这条降水量线的位置可以看出，北京长城区域处于由半湿润气候向半干旱气候的过渡区。长城修建在这样的位置，一定程度上是人类活动与气候干湿变化共同作用的结果，与农牧业生产方式的频繁更替有着密切的关系，并由此形成“长城以南，多雨多暑，其人耕稼以食，桑麻以衣，宫室以居，城郭以治；大漠之间，多寒多风，畜牧畋鱼以食，皮毛以衣，转徙随时，车马为家”的现象。

划出农牧业生产分界线

400毫米等降水量线，是中国一条重要的地理分界线，它大致经过大兴安岭—张家口—兰州—拉萨—喜马拉雅山脉东部。它是半湿润与半干旱区分界线，是森林植被与草原植被的分界线，也是农耕文明与游牧文明的分界线。历史时期，长城以内的政权往往修筑大的防御工事来抵挡北方游

蟠龙山长城（2021年）

牧民族的进攻和掠夺，而燕山北部的游牧民族自古世代生活在寒冷的、贫瘠的草原上，气候的变化对他们的农业特别是畜牧业会产生重大的影响，一场雪灾或是持续的干旱都有可能导致游牧民族经济生活处于崩溃的边缘。特别是在寒冷时期，游牧民族经济生活困难，加之逐水草而居的牧业习惯，游牧民族往往会随着草带的南移向南迁徙进行放牧或掠夺，这样无意或有意地进入农耕民族的领地范围，两者必然会产生军事上的冲突和矛盾，久而久之，农耕民族为防止游牧民族的南移和入侵，就修筑长城进行防御。在中国历史上气候曾发生多次冷暖的周期性波动，导致400毫米等降水量线也随之波动，并引起草原与农耕区的交替南推北进，长城也随之南推北进。这就造成了“万里长城本是一条人为的防御工事，客观上却成为农牧业生产的分界线”的现象。

早在距今5000多年前，长城区域的原始农业就逐渐开始占主导地位，采集、渔猎等经济类型只充当辅助生产手段，此后农业得到不断发展和进步。同时，在解决生产和发展问题的过程中，为适应自然环境的变化，农耕与游牧逐渐分离。[1]农耕经济对地域固定性要求高，“决定其经济、社会发展的关键因素是对土地的控制、占有和利用”[2]。围绕着固定的土地，农耕经济突出地表现为周而复始、顺从自然、集中统一、注重经验等特点。

游牧是游牧民族主要的生产生活方式。游牧民族生活在草原，放牧和狩猎是他们的主要生产方式，牲畜是他们的重要生产生活资料。畜牧业是游牧民族占主导地位的经济类型。[3]从明代京师以北长城沿线的畜牧业发展结构来看，主要包括官府畜牧业和民间畜牧业两种，朱元璋在重视官府畜牧的同时也十分鼓励民间牧业的发展，在北平广大地区划出公共牧区，并规定，在收取赋税之时，纳税人可以用马、羊等畜牧和皮毛筋等代替税金，利用各种方式来推动民间畜牧业的发展。在游牧经济系统中，牧民作为“人—畜—草”食物链中的最高层，始终扮演着调节者和管理者的角色。他们随季节而移动，逐水草而放牧。可以说，对于游牧经济来讲，决定其发展的关键因素是掌握迁移游牧区域的控制权[4]。农牧政权的冲突，主要表现形式之一就是双方对生产、生活资源控制权的争夺。

农耕与游牧既相互联系又发生冲突，既分离对抗又交流融合。从两者交流的视角看，长城地区恰恰是农耕与游牧交往的中心地区。这个区域既是军队对峙的地方，也是政权之间交往和双方进行贸易的场所。[5]长城在化解农耕和游牧冲突与矛盾当中所发挥的作用，主要体现在为双方良性互动提供基础条件。可以说，长城强化了农牧经济之间相互需要、相互促进的关系，尽可能采取和平的方式，使双方在正常的经济交流中推动边地发展。

破解“胡焕庸线”

有人说，理解中国的一切经济现

1 董耀会，贾辉铭．中国长城志 总述 · 大事记 [M]. 南京：江苏凤凰科学技术出版社，2016:14.

2 董耀会，贾辉铭．中国长城志 总述 · 大事记 [M]. 南京：江苏凤凰科学技术出版社，2016:13.

3 董耀会，贾辉铭．中国长城志 总述 · 大事记 [M]. 南京：江苏凤凰科学技术出版社，2016:14.

4 董耀会，贾辉铭．中国长城志 总述 · 大事记 [M]. 南京：江苏凤凰科学技术出版社，2016:13.

5 董耀会，贾辉铭．中国长城志 总述 · 大事记 [M]. 南京：江苏凤凰科学技术出版社，2016:15.

实，都要从一条神奇的线开始，这条线就是把中国偌大的版图一分为二的“胡焕庸线”。1935年，在那个没有计算机的年代，中国地理学家胡焕庸用国民政府的统计资料，两万人口一个点地标在地图上，经过数月的测算，通过数万个数据一点一点在地图上摸索出了这条线。这条线北起黑龙江黑河，一路向着西南延伸，直至云南腾冲。胡焕庸线与400毫米等降水量线重合，线东南方以平原、水网、丘陵、喀斯特和丹霞地貌为主，自古以农耕为经济基础；线西北方人口密度极低，是草原、沙漠和雪域高原的世界，自古是游牧民族的天下。

相关研究认为，胡焕庸线是一条鲜明的人口分界线。这条线与长城相交错，而正是在这个交错地带，“线的西北方向，是‘大漠长河孤烟’，占中华民国国土面积的64%，却仅有4% 的人口；而线的另一头，是‘小桥流水人家’，仅有36% 的国土，却聚集着另外的96% 的人口”。在2009年地理学界评选出的“中国地理百年大发现”中，它仅次于“珠峰测量”。对于中国来说，“胡焕庸线”不仅仅是描述中国人口“东密西疏”分布格局的基本分界线，还是一条反映我国自然环境、经济发展水平、社会历史条件差异、民族分布、城镇化水平的重要参考线。[1]

“胡焕庸线”异乎寻常的稳定，仿佛被施加了魔法，成了另一座隐形的“万里长城”，将东西两侧人口限定在各自地区。研究发现，这与包括海拔高度、地貌类型、耕地质量等自然禀赋密切相关。[2]也就是说，“地理本性”造就了“胡焕庸线”的稳定性。自然地理分界线会影响人类的迁徙，人口密度分布也与自然地理分界线基本吻合，从而进一步形成人文分界线。这一规律具有普适性。就像不仅仅中国有“胡焕庸线”，其他国家也有类似的一条线。美国的“胡焕庸线”是 U 形线，俄罗斯的“胡焕庸线”是一条因为温度划分而形成的近似斜线，世界的“胡焕庸线”是“深 V 地带”。[3]

---

1 张轲风 . 历史情境中的“胡焕庸线”[J]. 读书 , 2021(1):151-159.

2 王桂新 , 潘泽瀚 . 中国人口迁移分布的顽健性与胡焕庸线 [J]. 中国人口科学 , 2016(1):2-13, 126.

3 溪流之海洋人生 . 中国和世界主要国家神奇的地理分界线 [EB/OL]. [2018-09-16]. https://mp.weixin.99.cm/s/kNA6E_On SReglyq7N8mwKQ.

“冷抑暖扬”的文明节律

人类经济生活与自然环境关系密切，以百年和千年为尺度的气候变化，与国家、民族的发展变迁有明显的相关性。研究认为，中国古代（19世纪以前）呈现“冷抑暖扬”的文明节律。长城的修建是多种因素相互影响、综合作用的结果，气候的变化只是外因中的一部分。但通过气候变化的分析，可以看出，在历史发展过程中气候上冷暖干湿的波动变化与相应朝代的长城修建，特别是修建位置呈现出同步的共振关系。[1]

在中国历史上气候相对寒冷的时期，长城沿线农牧双方发生战争的次数明显较多。处于历史上“明清小冰期”的明代，气温在全球历史时期平均值以下，且波动极为频繁。这个朝代，长城南北的农牧战争几乎从未停止。同时这个时期也是中国修建长城的最后一个高峰期，是长城防御设施和工程修建技术最完善和最成熟的阶段。主要原因就是，当气候变冷时，处在北方草原地区的游牧民族面临牧草枯竭、食不果腹等威胁，他们就会向南部的农耕区域发起攻击，以获得维持生存必需的生产生活资料，而农业民族面对性格彪悍、战略灵活的游牧民族通常会采取修建长城的方式进行防御。这在一定程度上也说明，长城是汇聚民族特色的线性文化遗产，是长城地带农牧间此消彼长的见证者。[2]长城地带特殊的气候、降水和地貌环境决定了农业民族和游牧民族在此汇聚，也决定了我国古代农业生产区和游牧经济区在此集中体现。

历史是认识现在和未来的钥匙。从历史演变和文明发展的历程中，人们看到气候变化的影子；面对当前的气候变化问题，人类又可以从历史中获取应对的经验和教训。气候变化是影响经济社会发展的重要因子之一，气候因素与社会等其他因素结合起来共同对社会发展产生作用。面对气候变化的挑战，更重要的是如何应对，这也是中国古代人地关系思想对当下的启示与借鉴。

---

1 解丹 . 浅探全球气候变化与中国长城位置的关系 [C] //2011世界建筑史教学与研究国际研讨会论文集 . 2011: 421-425.

2 同杨阳 . 长城与草原威胁——明代农牧战争、长城修建与气候冷暖变化的关系 [J]. 青海民族研究, 2019, 30(4): 141-148.

金山岭长城（2020年秋）

金山岭长城（2019年冬）

第三章

北纬40°的黄金纬度线

自公元前334年地理学家尼尔库斯在亚历山大东征中划出第一条纬线开始，人类在客观描绘和认识世界上就向前迈出了具有重大意义的一步。北纬40°，既是北京地理方位的纬度代号，也是北京长城的地理方位所在。在这条被史学家、地理学家奉为“神奇的纬度线”上，地理气候与历史、文化景观完美融合。

揭开地球的神秘面纱

公元前334年，亚历山大渡海南侵，继而东征，随军地理学家尼尔库斯沿途搜索资料，准备绘制一幅“世界地图”。他发现沿着亚历山大东征的路线，由西向东，无论季节变换还是日照长短都很相仿，于是，他第一次在地球上划出了一条纬线。这条线从直布罗陀海峡起，沿着托鲁斯和喜马拉雅山脉一直到太平洋。后来，长期担任亚历山大图书馆馆长的埃拉托斯特尼测算出地球的圆周是46250千米，他画了张有7条经线和6条纬线的世界地图。1519—1522年，麦哲伦船队进行了环球航行，经过了大西洋、太平洋和印度洋，最后回到西班牙，证实了地球是个球体，这为经纬线的划定奠定了基础。

随着经纬线在人类的不断探索中逐步成型，地球的神秘面纱正在慢慢揭开。人类在地球仪上用一笔一笔的弧线细致勾勒出她的身形，并尝试透过这纵横交错的经纬线一睹她的真容。从此，人们得以科学地观察、记录地球的原貌，地球上的山川、平原、荒漠、河流和岛屿也有了自己的唯一标识，就这样，地球在人类的眼中一下子变得“立体鲜活”了起来。

寻找“北纬40°的甜”

北纬40°，这个魔力无穷的数字仿佛得尽上帝的宠爱和大自然的灵气。假如世界有味道，那么，人们一定能循着一股美好的气息，寻找到“北纬40°的甜”。

由于得天独厚的地理生态优势，北纬40°是世界上最优质牛奶的产地，被人们称为“世界优质黄金奶源带”，囊括了爱尔兰、法国诺曼底、荷兰、中国内蒙古、日本北部等国家和地区高品质的奶源，占据了世界高端乳品市场的大部分市场份额。

北纬40°，还是“世界水果核心优生区”。在这条纬度线上，日均长达15小时的充足日照，昼夜温差接近10℃，优质无污染的土壤，使这个区域出产的美国加州的新奇士橙、法国波尔多和意大利西西里的葡萄、中国新疆阿克苏的冰糖心苹果……都有一种浑然天成的甜味——有的像春天花蜜的香甜，有的像盛夏初恋的酸甜，有的像秋日高山泉水的清冽甘甜，有的又像雪后封门围炉煮酒时令人回味良久的绵甜。每一种甜都是纯粹的自然甜，每一口甜都能通过舌尖，勾起美好的回忆，让人心旷神怡。

在北纬40°线上，最令人陶醉的“甜”非葡萄酒莫属。葡萄酒是有生命力的，气温和阳光在北纬40°上达到了最佳最适合的那个度，每一颗葡萄在这里都感受到了最有诚意的阳光和温度。于是，北纬40°就成了世界葡萄酒的酿造圣地，人们称其为“全球顶级葡萄酒理想纬度”。她串联起美国加州、法国波尔多等全球最为知名的葡萄酒产地，各种各样适合酿造葡萄酒的葡萄产区在此分布。每一个产区的葡萄酒各具风味，但每种风味都能令人感受到优雅、别致、浪漫和愉悦，每一支酒背后都有着不可复制

箭扣长城（2018年）

的地域故事，犹如品味不同的人生，充满想象的空间……其中，“长城脚下酿甜蜜，塞上江南新图景”已经成为宁夏西部贺兰山段长城脚下葡萄种植园里繁忙劳作的生动写照。

宁夏平原因着绝佳的地理位置和历史悠久的农耕文化，一直是历朝的战略要地。2000多年来，宁夏沿用着很多带有军事色彩的历史地名，以“关”“营”“堡”“寨”命名的地方多达数十个，其中名声最大的，就是西部影城所在的镇北堡，而宁夏现代葡萄酒发展的起点，则在玉泉营。2021年7月，国家葡萄及葡萄酒产业开放发展综合试验区在宁夏挂牌成立，试验区的核心区规划面积108平方千米，包括银川市永宁县闽宁片区和贺兰县金山片区。辐射区规划面积394.2平方千米，包括银川市西夏区镇北堡片区、吴忠市青铜峡市鸽子山片区、红寺堡区肖家窑片区，以及同心县罗山东麓片区。“贺兰山下果园成，塞北江南旧有名”，韦蟾写这首诗的年代，距离侯君集破高昌已经过去了200多年，葡萄早已在丝绸之路沿线落地生根，酿酒之法也早已传入中原，宁夏的果园之中必然也包括葡萄，据此推算，宁夏种植葡萄的历史已有1000多

八达岭长城（2020年）

年了。诗中写到的“贺兰山下果园成”的那一带，即古灵州，位于今天的宁夏吴忠市。1317年，监察御史马祖常到西北地区调查民情，他把在宁夏一带的见闻写进了《灵州》，诗中有两句，“葡萄怜酒美，苜蓿趁田居”，这是说葡萄和苜蓿在元代的宁夏地区种植广泛，用葡萄酿酒也不是啥稀罕事儿，显然，彼时的塞上江南瓜果飘香，粮食充足，葡萄丰产，富余的葡萄用来酿酒……

串起一座“文明之桥”

自从人类开始用经线与纬线来研究地球，经纬度就不仅仅是坐标，还蕴含着非常丰富的生态与人文内涵。

北纬40°以它的富庶、甜蜜和神奇在人类文明发展史上留下了深刻印记，被人们赞誉为“地球的金项链”。它孕育了北京、雅典、罗马等历史名城，造就了纽约、芝加哥等城市的繁华，日本海、青海湖、里海、地中海等胜景在这里享誉全球，葡萄酒从这里出发走向全球。也是在这条线上，北京的长城与伊斯坦布尔的圣索菲亚大教堂、雅典的帕特农神庙、罗马的古罗马斗兽场、马德里的“艺术金三角”等一道，串起了一座“文明之桥”。在史学家眼里，它是文明的瑰宝。在艺术家眼里，它是艺术的天堂。在每一个中国人眼里，它是首都所在地，是长城所在地，是承载了中国之精神、民族之魂魄的所在。

北纬40°的首都北京，每个中国人心中都有关于它的印象：在大雪初霁的清晨，领略紫禁城穿越数百年的厚重与静美。在红叶满山的秋日，极目远眺蜿蜒于山脊之上龙腾虎跃的万里长城。在落日黄昏时分，与夕阳下满湖流萤的昆明湖和静卧其上状若长虹偃月的十七孔桥无声对话，共同感受时光深处的寂静与欢喜……用老舍的话说，单独介绍这个城市的某一点是容易的，可是那就把北京看得太小了。毕竟，这里是拥有世界级文化遗产最多的城市，也是历史与现代毫无违和感地实现了完美融合的城市，前一秒还在与历史对话，后一秒就能轻松与现代接轨。正是有了长城的辉映，让首都北京更加显示出一种非凡的气质、一种更加独特的景致。因此，在郁达夫的眼中，北京是“典丽堂皇，幽闲清妙”的。在美国现代城市规划、城市设计专家E.N.培根的眼中，北京是“地球表面上人类最伟大的单项工程”。在法国作家谢阁兰眼中，北京城是“梦寐以求最理想的居家之地”。在梁思成和张恨水的眼中，北京是最能代表东方建筑美学、智慧与气魄的城市。在林语堂的眼中，北京“像一个国王的梦境”，像“一个饮食专家的乐园”，是“贫富共居的地方”，是“采购者的天堂”，有“旧的色素和新的色素”……而最重要的是，北京是“一个理想的城市，每个人都有呼吸之地；农村幽静与城市舒适媲美”。对每一个中国人来说，北京“好像是每个人的恋人，又像是每个人的母亲，她似乎有一种不可思议的魔力在吸引着每个从外省来的游子”[1]。对每一个外国人来说，“北京才是中国，整个中华大地都凝聚在这里”[2]。

从中国版图看，长城在北纬40°线附近，万里长城的东端起点，不论是长期以来认为的山海关，还是明代就确定的鸭绿江畔辽宁丹东市境内的虎山长城；其西端终点，不论是明代长城西至的嘉峪关，还是继续西延至玉门关，更往西延伸至新疆的一带断续长城和烽燧堡，基本都是位于北纬40°一线及其两侧。北京长城所处的地理位置自古就是这个区域非常重

1 出自谢冰莹《北平之恋》。

2 出自法国作家谢阁兰1910年寄给德彪西的信。

古北口长城（2018年）

要的一个生态空间。北京长城总的分布格局为东西、北西两个体系。二者在怀柔旧水坑西南分水岭上汇合，北结合点位于东经116°30′6.3″，北纬40°28′55″；南结合点位于东经116°29′38.9″，北纬40°27′45″。有长城以来，中国重大的政治、经济、文化方面的历史事件，几乎都在长城上打下了深深的烙印。[1]

“北纬四十度线”确实是一条神奇的地理带。它绵延万里，不仅连缀起了中国的长城，还就此区隔了北方与南方不同的气候、海拔、地貌与不同族群的不同生活方式。[2]

1 北纬40°线，一条最具吸引力的神秘横轴，与每一个人中国人有关 [EB/OL].[2021-12-20]. https://www.sohu.com/a/409856329_650579.

2 陈福民 . 北纬四十度 [M]. 上海：上海文艺出版社，2021.

第四章

自然保护区与生态涵养区

什么是生态？在古希腊文中，生态的原意指“住所”或“栖息地”，中国人则理解为“家”。长城不仅是中国人的精神家园，也是各种动植物繁衍生息的栖息之所。目前，在长城沿线上，有多个国家级自然保护区，包括甘肃敦煌西湖、宁夏贺兰山、山西芦芽山、河北小五台山、河北雾灵山。而北京长城所处的平谷、密云、怀柔、延庆、昌平、门头沟六个区，更是北京的生态涵养区，发挥着生态保障的重要功能。

历经千百年风雨，长城的生态脆弱性愈发显现，修复长城生态的重要性引起了政府和社会各界的高度重视。《北京市长城文化带保护发展规划（2018年至2035年）》（以下简称《保护发展规划》）将打造生态长城纳入文化带建设，并将修复长城生态作为四项任务之一，逐步落实推进。曾经，被世人誉为“绿色长城”的“三北”防护林工程惊艳了世界，如今，在生态文明思想的指引下，中国又开始构筑起了新的“生态长城”。不远的将来，当人们漫步长城时，不仅能触摸到历史的沧桑，还会沉醉于满目的绿色。

箭扣长城（2018年）

生态脆弱性与环境修复

中国长城沿线位于暖温带与温带的过渡地区，自东向西分别为半湿润气候、半干旱气候、干旱气候；地形地貌又多变化，本就生态脆弱。[1]以明长城为例，其东段和中段位于暖温带和中温带的交界地带，沿线是半湿润区与半干旱区、季风区与非季风区的过渡地带，更替着森林与草原，绿洲与荒漠，生态环境十分脆弱敏感，很容易遭到破坏。

农牧业交错分布的长城沿线，历史上曾多次发生农耕民族越过长城向北发展农业和游牧民族南下放牧的现象，最终导致了土地功能衰退，沙漠化的形成。辽建国后，多次南下掳掠了大量农业人口迁入科尔沁草原从事农业生产。伴随农业人口的迁入，新置州县60余座，都是垦荒所建，虽然在短时间内有效地增强了辽王朝的国力，但同时也为辽本土的生态环境和人地关系埋下了隐患。到了辽晚期，科尔沁地区生态急剧恶化，土地出现明显退化。进入金代，科尔沁地区沙漠化现象极为突出，辽代所建的城池几乎尽废，大量农业人口迁出，农业的重点转向华北地区，农牧交错带发生转移。到了清朝初期，清政府实行“移民实边”的垦荒政策，提倡汉族农民越过长城从事农牧业生产活动，其开垦对象以山地、丘陵为主，使农业文化景观区的北界推移至翁牛特旗南部—敖汉旗中北部一线；清末，又对平原和台塬区进行了垦殖，导致了长城沿线地区生态环境的急剧恶化，使农牧交错带向北偏移。[2]

农牧交错带的人为迁移，导致了对生态的严重破坏。有研究表明，我国北方长城沿线地区每次沙漠化的活跃期恰好也是南方农业民族越过长城向北扩张、进行农业开垦的时期，生态环境恶化表现得极为明显；而当沙漠化程度加剧后，农业生产无法正常进行而向南回撤，牧业重新占据这一地带，沙漠化又开始趋于稳定甚至出现恢复。[3]

长城不是一个孤立的存在，长城

1　孔繁德 . 中国长城沿线生态破坏的特点及保护对策 [J]. 水土保持研究 , 2006(2): 42-43.

2　郭德政 , 杨姝影 . 中国北方长城的生态学考察 [J]. 环境保护 , 2005(1): 46-48，53.

3　郭德政 , 杨姝影 . 中国北方长城的生态学考察 [J]. 环境保护 , 2005(1): 46-48，53.

黄花城长城（2021年）

与其周边自然环境息息相关，沿线生态环境的破坏也时刻威胁着长城遗址的保护。将长城纳入生态系统保护视野，保护修复万里长城沿线的自然生态成为长城区域永续发展的重要前提。

“除了照片，什么都不要带走；除了脚印，什么都不要留下。”到过长城的人，或许都看过长城宣传牌上的这句话。写下这些文字的是一个英国人——威廉·林赛。提起威廉·林赛，在长城保护圈内可以说是尽人皆知。自从11岁在《世界地图册》上发现了古老又神秘的万里长城时，威廉·林赛就开启了他与长城的不解情缘。

尊重历史，尊重文化，呵护遗产，呵护自然，我们才有可能把令我们惊叹的这一切，完整地交给下一代。“我们离开一个地方与我们来时一样干净，我们只是过客，从不打扰自然和历史。”我们期盼着，每个来到长城的人不只是个友好的过客，还是这个跨越千年的伟大奇迹的“守门人”。

惊艳世界的“绿色长城”

提到“绿色长城”，很多人第一

个想到的是“三北”防护林工程[1]。这条绿色长城横跨中国西北、华北和东北地区，与古老长城共同守护着这片土地的历史和未来，见证着中华民族的奋斗与梦想。1978年，中国决定在西北、华北北部、东北西部风沙危害、水土流失严重的地区，建设“三北”防护林工程（下称三北工程）。整个工程从东到西，从南到北，途经13个省、自治区、直辖市的559个县（旗、区、市），总面积约406.92万平方千米，占中国陆地面积的42.4%。1979年开始实施，计划历时71年，分3个阶段、8期工程进行，规划造林5.35亿亩。到2050年结束时，三北地区的森林覆盖率将由原先的5.05% 提升至14.95%。

1986年，美国《商业日报》这样写道：“北方游牧民不断的入侵促使中国古代的王国建造了长城。今天，一条新的长城——一条由树、灌木和草形成的防护林带——正在组建中，以防止威胁更大的入侵者——沙漠。”1991年，德国《法兰克福汇报》在一篇报道中也有类似说法：“中国的长城是地球上最长的建筑，而一个环保工程的长度则超过它：自1978年以来中国在建造一座‘木头长城’，它由数以十亿计的树组成——被称为‘绿色长城’。它不是用来防止游牧民族的入侵，而是用来挡住戈壁滩和中亚沙漠的推进。”

在当时的外媒看来，建造长城前后用了两千多年，建造这条“绿色长城”是同样艰巨的任务。然而，就是这样一个在外媒看来难度不亚于建造长城的工程，中国人硬是把它做起来了。[2]日升月落，寒暑易节，历经了几代人、亿万群众的接力奋斗，三北工程在祖国北疆筑起了一道抵御风沙、保持水土、护农促牧的绿色长城，为生态文明建设树立了成功典范。截至2020年，三北工程建设累计完成造林保存面积3014.3万公顷，工程区森林覆盖率由1977年的5.05% 提高到了现在的13.57%，活立木蓄积量由7.2亿立方米提高到33.3亿立方米。

对于三北工程取得的成绩，世界有目共睹。德国之声电台网站2017年8月报道，中国获得了世界未来委

1　“三北”防护林工程是指在中国三北地区（西北、华北和东北）建设的大型人工林业生态工程。

2　小得意！全世界都来为这座中国的“绿色长城”打 call 啦！ [EB/OL].[2021-12-20]. https://zhuanlan.zhihu.com/p/93602817.

员会颁发的“未来政策奖”银奖，该奖项旨在表彰世界上防治荒漠化与土地退化的最佳政策。世界未来委员会理事会理事亚莉珊德拉·汪戴尔（Alexandra Wandel）说：“中国获得2017年‘未来政策奖’银奖等于释放了一个强有力的信号，即一个易受荒漠化和气候变化影响的国家，可以找到一个睿智且行之有效的方式，来应对一个全球性的挑战。中国和其他‘未来政策奖’得主均在全球环境保护中发挥着‘引领者’的作用。”几个月后，2017年12月举行的第三届联合国环境大会上再次刮起“中国风”，联合国环保最高荣誉——“地球卫士奖”颁给了塞罕坝林场建设者。[1]

举目已觉千山绿。从2000年起全球新增的绿化面积中，四分之一以上来自中国，中国成为全球变绿的重要力量。与此同时，中国正在以前所未有的保护力度，让母亲河——长江、黄河，永葆生机活力。中国相继实施大气、水、土壤污染防治三大行动计划，让蓝天重现、水清岸绿。一首生态文明建设的绿色交响曲，正在神州大地激荡回响。一个天蓝、地绿、水清的大美中国，逐步呈现眼前。

长城是中华民族的精神象征，以其上下两千年、纵横数万里的时空跨度，成为人类历史上宏伟壮丽的建筑奇迹和无与伦比的历史文化景观。它的独特性不仅仅在于长城是世界遗产，是值得全人类共同保护的文化遗产，还在于长城对这一地理区域的人地关系产生深刻影响，并形成以长城文化为主体的文化丰富性与多样性，同时也在于其大尺度自然地理单元的完整生态系统，它们一起呈现出这一地带无与伦比的自然与人文景观高度统一的特征。[2]从这个角度说，长城是人文与自然的完美结合，它不仅是中华民族的精神象征，还应该成为中国生态保护和绿色发展的最佳典范。

生态长城是北京长城文化带建设的重大任务。《北京市推进全国文化中心建设中长期规划（2019年—2035年）》中第49条明确提出打造“生态长城”，加强生态涵养区的保护，开展长城所依附的山川河谷环境生态修复，保障长城文化带的生态环境安全。

1 小得意！全世界都来为这座中国的“绿色长城”打 call 啦！ [EB/OL].[2021-12-20]. https://zhuanlan.zhihu.com/p/93602817.

2 出自《北京市长城文化带保护发展规划（2018年至2035年）》中对北京长城文化带价值的提炼。

青龙峡长城（2021年）

立足“两山四水十八沟”，大规模造林绿化，恢复“居庸叠翠”“岔道秋风”等历史文化景观，构建良好的长城沿线彩叶林景观带及绿道体系，营造兼具较高景观价值和水源涵养功能的自然生态景观。串联长城文化带沿线自然保护区、森林公园、湿地公园，加强统筹保护，凸显长城生态屏障价值。2019年4月16日正式公布《保护发展规划》，在北京长城文化带保护发展思路中，同样明确要“打造生态长城，展现长城作为拱卫都城重要军事防御系统的历史文化及景观价值”。并将修复长城生态作为北京长城文化带保护发展的四大任务之一，具体包括修复长城赋存环境、构筑两个生态屏障、推进国家公园建设、塑造长城生态文化景观共4个方面的15项措施。

北京长城文化带在一定的空间范围内构成生态系统，但又不局限于特定的空间范围内，它从属于更大范围的系统，并不断与之进行信息、物质、能量等多种“流”的交换，是一种开放系统。长城遗产的保护与沿线生态环境密切相关，与周边景观资源也存在互惠互利关系。生态长城构建的前提是建立长城沿线自然环境整体保护体系，保护整体生态格局的完整性和可持续性，因此，北京长城文化带生态系统必然涉及与北京、京津冀乃至更大区域范围内的生态系统相协调相融合。这也是生态长城建设的立足点和出发点。北京市长城文化带横贯北京北部生态涵养区，约占北京市域面积的30%。[1]北京长城文化带的建设，一方面将依托生态涵养区的环境和资源来开展，另一方面将带动生态涵养区的环境、资源的协调发展。加强生态涵养区的保护，修复好长城赋存的山川河谷环境，是生态长城建设的大前提。

《保护发展规划》按照资源与长城价值的关联程度，首次系统梳理了长城沿线地带的文化资源与自然资源。对664处/片保护性资源的2873处资源点进行价值主题分类，共分为长城遗产、相关文化和生态资源3类。其中，生态资源涵盖区域内各级自然保护区、风景名胜区、森林公园、湿地公园、地质公园、矿山公园、重要水源区等自然保护地。据统计，北京北部山区现有风景名胜区16个，其中景观与长城相关的有8个，景区园中有长城或与长城相邻的森林公园有10个、地质公园有3个、矿山公园有2个、湿地公园有3个。此外，还有区以上文物保护单位1850个，有历史文化村镇14个、民俗旅游村165个。[2]这些关键性的自然或文化资源密集区，作为长城保护的载体，利于长城保护；反过来，长城遗产的纳入既是对周边景观资源的补充与完善，也能充分发挥长城遗产在区域的带动和引领作用。将长城与其周边资源进行整体保护，共同谋求发展，成为生态长城建设的重要思路。

让伟大长城永续发展，是每一个中国人的心愿，也是所有珍爱人类文明瑰宝、期盼人类文明赓续不断的全人类的愿望。生态兴则文明兴，生态衰则文明衰。生态长城构筑，是万里长城永续发展的根基。“积力之所举，则无不胜也；众智之所为，则无不成也。”[3]期待有更多力量加入到生态长城的建设之中，为长城披上绿装，穿上花衣裳，让长城在下一个十年、百

1　出自《北京市长城文化带保护发展规划（2018年至2035年）》。

2　出自《北京市长城文化带保护发展规划（2018年至2035年）》。

3　出自淮南王刘安《淮南子》中的《主术训》：“圣人举事也，岂能拂道理之数，诡自然之性，以曲为直，以屈为伸哉？未尝不因其资而用之也。是以积力之所举，无不胜也；而众智之所为，无不成也。”意为聚合天地万物的力量，则无往不胜，无事不成。

年、千年里继续屹立在世界的东方，静静讲述伟大中华民族的传奇故事，见证人类世界永续发展的美好未来。

生物多样性与地球命运共同体

生物多样性是人类赖以生存和发展的重要基础，为人类提供了丰富多样的生产生活必需品、健康安全的生态环境和独特别致的自然景观文化等，关系到人类的福祉。1972年，联合国召开人类环境会议，与会各国共同签署了《人类环境宣言》，生物资源保护被列入二十六项原则之中。1993年，《生物多样性公约》正式生效，公约确立了保护生物多样性、可持续利用其组成部分以及公平合理分享由利用遗传资源而产生的惠益三大目标，全球生物多样性保护开启了新纪元。1994年，联合国《生物多样性公约》第一次缔约方大会在巴哈马拿骚举行，通过了《1995年—1997年中期工作方案》，此后先后在印度尼西亚雅加达（1995）、阿根廷布宜诺斯艾利斯（1996）、斯洛伐克布拉迪斯拉发（1998）、肯尼亚内罗毕（2000）、荷兰海牙（2002）、马来西亚吉隆坡（2004）、巴西库里蒂巴（2006）、德国波恩（2008）、日本名古屋（2010）、印度海德拉巴（2012）、韩国平昌（2014）、墨西哥坎昆（2016）、埃及沙姆沙伊赫（2018）等地举行。

中国幅员辽阔，陆海兼备，地貌和气候复杂多样，孕育了丰富而又独特的生态系统、物种和遗传多样性，是世界上生物多样性最丰富的国家之一。中国的传统文化积淀了丰富的生物多样性智慧，“天人合一”“道法自然”“万物平等”等思想和理念体现了朴素的生物多样性保护意识。作为最早签署和批准《生物多样性公约》的缔约方之一，中国一贯高度重视生物多样性保护，不断推进生物多样性保护与时俱进、创新发展，取得显著成效，有效保护了90%的植被类型和陆地生态系统、65%的高等植物群落、85%的重点保护野生动物种群，走出了一条中国特色生物多样性保护之路，为推进全球生物多样性保护、推动形成人与自然和谐共生新格局作出重要贡献。

长城沿线的植物群落不仅是长城风景区重要的风景资源，更是保护其生态环境的关键所在。保护长城及其周边的生物多样性，遏制森林的屏障作用和功能特征衰退趋势，对于长城保护来说至关重要。

“八达岭友谊林”是这方面的一个典型案例。20世纪50年代以来，八达岭开始实施封山育林及人工造林。2000年12月启动建设八达岭友谊林，并于2003年10月28日正式落成，2004年被北京市人民政府命名为“国家重点公益林保护区”[1]。林区森林植被的恢复，为多种生物提供了层次丰富的栖息地，令这片长城脚下的宝地焕发无限生机。

《生物多样性公约》缔约方大会第十五次会议于2021年10月11—15日和2022年上半年分两阶段在中国昆明举行，这是联合国首次以生态文明为主题召开的全球性会议，大会以“生态文明：共建地球生命共同体”为主题，旨在倡导推进全球生态文明建设，强调人与自然是生命共同体，强调尊重自然、顺应自然和保护自然，努力达成公约提出的到2050年实现生物多样性可持续利用和惠益分享，实现“人与自然和谐共生”的美好愿景。会议期间，中国国家主席习近平以视频方式出席在昆明举行的《生物多样性公约》第十五次缔约方大会领导人峰会并发表主旨讲话，指出《生物多样性公约》第十五次缔约大会为未来全球生物多样性保护设定目标、明确路径，具有重要意义。国际社会要加强合作，心往一处想、劲往一处使，共建地球生命共同体。

未来的长城，也将成为中国最长的“绿肺”，成为一条横贯中国北方最大的一条绿色生态多样性廊道。将有越来越多的研究与实践从长城区域的生物多样性保护入手，让她成为生态中国的地标，进一步展现中国保护生物多样性方面更多的担当。接下来，长城生物多样性保护也将成为首都生态环境建设的重点工程，坚持“精野结合”，探索荒野式管理模式，营造森林、灌丛草甸、湿地等多种生境，打造“鸟的天堂”“鱼的家园”，进一步落实山水林田湖草沙一体化保护和系统治理理念。围绕保护生物多样性、人与自然和谐共生，打造首都北京生态文明建设“金名片”。

1　李晓明 . 北京八达岭增添新景观 国际友谊林正式开园 [EB/OL]. (2003-11-01) [2021-12-20]. https://news.sohu.com/95154/news215065495.shtml.

司马台长城（2017年）

第四编

長城永续之美

北京的長城

龙脊沧桑铸就文化之魂，一砖一石蕴含着中华民族的精神基因。精神，是长城的本质；文化，是长城的价值。上下两千余年，纵横十万余里，长城见证和伴随了中华民族的历史更替和荣辱变迁，凝聚了中华民族自强不息的奋斗精神和众志成城、坚韧不屈的爱国情怀，已经成为中华民族的代表性符号和中华文明的重要象征。长城的永续之美，就在于文化之美；弘扬长城文化，就是要筑牢民族文化自信的基石。我们要做好长城文化价值发掘和文化遗产传承保护工作，弘扬民族精神，让长城文化『活起来』『亮起来』『响起来』，为实现中华民族伟大复兴的中国梦凝聚起磅礴力量。

第一章 长城的文化生命力

文化是一个国家、一个民族的灵魂，其凝聚力源于对传统的保护，其生命力在于世代传承与不断发展。在道路自信、理论自信、制度自信、文化自信“四个自信”中，文化自信是最根本的自信。习近平总书记指出，“文化自信是更基本、更深沉、更持久的力量”，“没有高度的文化自信，没有文化的繁荣兴盛，就没有中华民族的伟大复兴”。

民族复兴的持久力量

广义的文化包括人类创造的物质财富与精神财富的总和。人类社会是一个由政治、经济、文化等各系统组成的多元复杂、相对独立、互生互补的有机体。对于各系统的不同功能以及相互关系，习近平曾经引用一位哲学家的比喻形象地指出：“政治是骨骼，经济是血肉，文化是灵魂。”2005年8月12日，习近平在《浙江日报》“之江新语”专栏刊发的《文化是灵魂》一文中这样写道：“文化的力量，或者我们称之为构成综合竞争力的文化软实力，总是‘润物细无声’地融入经济力量、政治力量、社会力量之

烽火台（2021年）

中，成为经济发展的‘助推器’、政治文明的‘导航灯’、社会和谐的‘黏合剂’。”[1]文化的核心功能，就是向全社会提供一系列价值观念，以此引领方向、凝聚人心、整合社会。同样的道理，在道路、理论、制度、文化“四个自信”中，彰显价值理念的文化无疑是灵魂，道路、理论、制度则是文化的表达和价值的外化。历史反复证明，一个抛弃或者背叛自己历史文化的民族，非但不可能发展起来，反而很可能上演一幕幕历史悲剧。尤其像我们这样一个大的民族、这样一个大的国家、这样一个大的政党，如果在文化上处于被动状态、丧失独立性，那么制度、主权等方面的独立性就会被釜底抽薪[2]。

自古以来，中华文化形成了自强

1 习近平．文化是灵魂 [N]. 浙江日报，2005-08-12.

2 中共中央党校（国家行政学院）. 习近平新时代中国特色社会主义思想基本问题 [M]. 北京：人民出版社，2020.

不息、厚德载物、和合共生、穷变通久等一系列核心价值，为中华民族生生不息、发展壮大提供了丰厚滋养，使中华民族得以在危急关头一次次化险为夷、凤凰涅槃、浴火重生，也使中华文化在面对外来文明时能够兼容并蓄、海纳百川，不断自我丰富、自我发展。而作为所有这些文化力量的生成和价值的凝聚，万里长城毫无疑问是最具核心性、最能得到认同、也最具代表性的承载和象征。长城的中华民族传统文化载体作用和中华民族象征意义，以及对人们的精神激励引领作用，已经越来越成为当代北京长城的核心特质和主要功能。2016年,《中国长城保护报告》提出，长城蕴含着的团结统一、众志成城的爱国精神，坚韧不屈、自强不息的民族精神，守望和平、开放包容的时代精神，历经岁月锤炼，已深深融入中华民族的血脉之中，成为实现中华民族伟大复兴的强大精神力量。2019年8月，习近平总书记来到嘉峪关关城，察看关隘、建筑布局和山川形势，听取长城文化遗产保护和历史文化传承弘扬情况介绍时就谈到，当今世界，人们提起中国，就会想起万里长城；提起中华文明，也会想起万里长城。长城、长江、黄河等都是中华民族的重要象征，是中华民族精神的重要标志。我们一定要重视历史文化保护传承，保护好中华民族精神生生不息的根脉。

长城文化带连接传统农耕文化与游牧文化，历经战争与和平的风云变幻，以长城沿线的城墙、关隘、敌台、烽燧与丰富多彩的人类活动为依托，搭建了人类经济、民族、文化活动的舞台，并最终积淀为一条由物质文化与非物质文化构成的绵亘万里的龙脊。北京师范大学北京文化发展研究院名誉院长许嘉璐先生在《中华文化的前途与使命》一书中提出文化的三个层次，即表层、中层与底层 。底层文化是全民族共同拥有的文化，是文化一体的灵魂和核心。即使表层和中层文化有所差异，只要底层文化是一致的，那么中华民族就是一个稳定的共同体[1]。长城是汉民族与其他民族进行经济、文化交流的汇聚线，长城沿线各民族文化丰富多样、各放异彩。汉族的语言文字、思想制度、文化艺

1　许嘉璐 . 中华文化的前途与使命 [M]. 北京 : 中华书局 , 2017.

术深刻地影响着长城沿线少数民族的文化发展。在汉文化向长城沿线各少数民族地区扩散的同时，各民族文化也向中原汇聚。正是在汉文化与各民族文化的交融中，逐渐形成了统一多元的中华文化，从最初的表层、中层文化的借鉴与融合，到后来的底层文化的形成，造就了中华文化海纳百川的开放包容胸襟，兼收并蓄的融合创造智慧，最终构成了华夏文明的内核。

文化是民族生存和发展的重要力量。人类社会每一次跃进，人类文明每一次升华，无不伴随着文化的历史性进步。中华民族有着五千多年的文明史，近代以前中国一直是世界强国之一。在几千年的历史流变中，中华民族的前进道路从来不是一帆风顺的，遇到了无数艰难困苦，但我们都挺过来、走过来了，其中一个很重要的原因就是世世代代的中华儿女培育和发展了独具特色、博大精深的中华文化，为中华民族克服困难、生生不息提供了强大精神支撑。长城集中体现了中华民族排千难、战万险，利用自然，改造自然的无穷智慧和雄伟气魄。伟大的民族筑造了伟大的长城，同时也铸就了“自尊、自信、自立、自强”的精神与意志。在近现代中国和西方列强侵略的抗争中，长城成为凝聚中华儿女力量的精神旗帜。源远流长的文脉，必有滋养当代文明的能力。中国修建长城的时间轴线与中华民族历史的发展主线重合，体现着中华文明传承的高度自觉，也因此而成为当今中国人民团结奋进，振兴中华的强大动力。

与其说长城作为一种物和实体经千年而不倒，毋宁说是作为中华民族的精神和文化的象征而屹立。面对同样的一处长城，一位国外游客和一个中国人所看到的和感受到的是不同的。在前者看来，它也许就是作为一种军事防御工程而存在。因此，作为远足的游客，长途跋涉，万水千山，终于负重而登临，其所惊叹的，更多的是长城体量的庞大、绵延万里的规模以及工程的复杂和不可思议。但这只是作为一个客体，在他面前呈现的只是一项宏伟工程。而在每一个登临长城、眺望群山之绵延起伏的中国人眼中，那万里绵延的不仅仅是一段段墙体，还是一条民族的血脉；挺起的不仅仅是一座座烽火台，那分明就是民族的脊梁；矗立的更不只是敌楼关城，那是不屈的民族的精神和意志。正是这里的每一条砖，每一块石，每

绝壁楼（2021年）

一筐土，使中华文明作为世界上一个独立的文化系统得以不断延续，为传承和发展中华文明作出了巨大的贡献。更不用说修筑万里长城所动用的无穷的人力和智慧，所耗费的千百年的时光和无数人的血汗。因此，作为人类挑战极限所构筑的世界奇迹，长城毫无疑问是我们的祖先留给中华民族乃至全人类最丰厚的文化遗产。只有更深入地认识和挖掘长城的文化功能，才能真正探寻中华民族的来路，厘清中华文明的脉络。

来路与脉络

究竟何为中国？这是学术界最近几年比较热门的研究话题，研究者多为历史学家，比如葛兆光教授、李零教授等。哲学家赵汀阳则试图从认识论的角度去谈论“何为中国”，他试图建构一种跨学科的“综合文本”的研究方式去理解中国，因此在他的《惠此中国：作为一个神性概念的中国》中，为我们提供了一个独特的理论解释，那就是“旋涡模式”。将中国从商周到清末这几千年的生长方式解释为有着强大向心力的旋涡。这个旋涡的向心运动不断把中原周边各个地方各种文化卷入到一起而成为一体[1]。

关于中国，有三个最为热烈的话题：中华文明是自发生以来从未中断的文明，这意味着中华文明具有强劲的连续性；中华文明一直由多民族多文化所构成，这意味着中华文明有着广泛的兼容性；中华文明没有产生出一种普遍主义的一神教，至多有一些地方性的民间宗教，而且大多数都不是超越性的宗教，于是，中华文明被认为是缺乏宗教性的高度世俗化文明。这些共识只表达了现象以及基于现象的默认结论，还需要得到十足的物证才能进行充分有效的解释。而长城及其所传承和表达出的文化价值，恰恰最能从另外一个侧面印证这三个共识：首先，长城最具有连续性，万里长城，横跨东西而不绝，穿越千年而不倒；其次，长城内外，民族交融，虽时有战争，但更多的是兼容，长城为民族融合营造了一个相对固定的地理空间；最后，长城所传达的就是一种民族的精神和信仰，而这种精神就是中国本身，或者说，长城承载着中国人的精神信仰。站在苍茫的中原大地上，向北，无论从哪里出发，都能在不经意间与长城相望。那最为辽阔和高耸的天际，几乎占据着每一个险要的位置，随山脉起伏。面对长城，我们的目光永远看不到尽头。城垛、烽燧、敌楼，按照某种固定的节律，反复绵延。重复，容易使建筑本身显得单调和乏味，但长城的设计者却能表达出他们对重复的迷恋，那些石质的城墙也在无休无止的重复中，获得了一种巨大的震撼力量，与千军万马般的磅礴气势遥相呼应。所以，无论从哪个角度观望长城，它都有一种气吞万里的气势，有一种直抵人心的力量。它是“时间的遗骨”[2]，它是过去的存在，但它无时不活在今人的心中，它植根于每一个炎黄子孙的情感之中，在最深处滋长延绵——有看得见的长城，但更有看不见的长城，所谓国运与文脉，都可以从这里找到它映照投射出来的那个最原始的密码。

按照赵汀阳的旋涡模式理论，早

---

1 赵汀阳 . 旋涡模式能解释中国何为中国吗？ [EB/OL]. (2016-06-30) [2021-12-20]. https://culture.ifeng.com/a/20160630/49270340_0.shtml.

2 祝勇 . 双城记 · 长城记 [M]. 北京：紫禁城出版社 , 2009.

居庸关云台（2021年）

期中国的四方万民为了争夺最大物质利益和最大精神资源的博弈活动形成了以中原为核心的“旋涡”动力模式，旋涡一旦形成，就具有无法拒绝的向心力和自身强化的力量，从而使大多数参与者既难以脱身也不愿意脱身，终于形成一个巨大的旋涡而定义了中国的存在规模和实质概念。

旋涡模式能够解释为什么古代中国并非扩张型的帝国却能够不断扩展，其秘密就在于，中国的扩展不是来自向外扩张行为的红利，而是来自外围竞争势力不断向心卷入旋涡核心的礼物。

“中国旋涡”的形成一方面与争夺核心的博弈游戏有关，另一方面也与天下秩序的发明有关。天下秩序是能够化解旋涡的激烈冲突而兼收并蓄的万民共在制度，它开创了多文化多民族的共在模式，也创制了权力分治一体模式。即使在天下体系终结之后，天下精神也作为遗产而化为中国国家的内部结构，因此得以形成一个多文化多民族的大一统国家。所谓大一统，实质就是以天下为内在结构的国家。

因此，如果说黄河是孕育中华民族的母亲河，那么万里长城自构筑的那天起，就成为中华民族大一统的父系精神的图腾。中华民族在自己的国土上筑起万里长城的同时，也在本民族思想上筑起了“万里长城”，这就是坚强而牢固的领土意识和国家观念。2000多年来，任何人都没能从认识上割裂万里长城，因而也就无法割裂中华民族。而长城屹立于万山之巅，与天相接，也正符合赵汀阳所认为的在内在结构上就一直保持着“配天”的天下格局，中国也因此成为一个具有神性的存在，成为一个信仰。这可以解释中国的精神信仰问题。任何文明都需要某种精神信仰，这是一个文明的安身立命之处，也是自身确认的绝对依据。

中国文化里不存在人与神的约定模式，所以确实没有西方意义上的宗教，但另有信仰形式，即人道与天道的相配。而天地之间，就有一道高墙相接相连。根据卡夫卡的判断，“长城所完成的业绩，比起巴别塔的建筑毫不逊色”。只是与纵向的巴别塔相比，长城是一条横贯大地的奇观，大地有多广袤，长城就有多漫长。只有大地有资格成为丈量长城的尺度。而它的深处，中国的精神信仰隐而不显，但其实，中国的精神信仰就是中国本身，或者说，中国就是中国人的精神信仰。正如淡出人们视野的长城，它的终结，恰是它的重生之日。从这个角度理解长城的精神意涵，挖掘长城的文化价值，也就不难理解长城在传承中华文脉方面所具有的巨大的文化功能。正如费孝通先生所指出的："中华民族作为一个自觉的民族实体是近百年来中国和西方列强对抗中出现的，但作为一个自在的民族实体，则是几千年的历史过程所形成的。"当长城隐退之后，山河也变得温柔起来，也使我们改变了打量长城的目光。

这是儒释道不同的文化背景和精神追求所致，也是长城所包容和保卫的逻辑内涵。在中国的建筑中，长城是除去道观外唯一修建在山顶和山脊的建筑。长城是武备需要，道观则展现了天人合一的境界。中国人更喜欢将佛家寺院修建在山间幽深之处，而将孔庙建于繁华之所。人们要想得到平安，就需要与自然环境和谐相处，即"人法地，地法天，天法道，道法自然"的"天人合一"，更需要社会的安宁，即"执大象，天下往。往而不害，安平泰"。长城以其温柔的曲线，蜿蜒于山巅，既有棱角般的分明，又有如水般的自在。即使曾经的雄关漫道已经旧墙斑驳，也不妨碍人们在它的呵护下，享受充足的空间和时间，有机会也有理由去理解家国久安之道。

守护我们的精神家园

长城推动了中华民族多元融合一体化发展的进程。天然的山川形胜与人工创造的万里长城，搭建了以军事为主的人类活动舞台。长城沿线历史变迁的基本内容，集中在历代发生的重要战事、攻守双方的兵力布防、参与战争的典型人物等方面。滚滚烽烟，猎猎旌旗，刀光剑影，人喊马嘶，熔铸了雄浑悲壮的长城文化内涵。

中华民族之所以成为世界上人口最多的民族，也是历史悠久的民族之一，其连续性和兼容性的成因关键在于其动力来源，而绵延万里的长城恰恰是最内生的动力维系和实现天下大一统的重要纽带。长城作为北方地区的边墙，与西北、西南地区的高原和高山形成了完整的地理屏障，为中华民族从夏代的一隅之地向四周拓展提供了有利的外部环境，为中华民族的形成提供了和平的发展环境。不论是农耕民族政权还是游牧民族政权，当它们主导中原后，自觉不自觉

古北口长城（2021年）

地都希望能够统一中国，而统一中国的前提是必须跨过长城，融入中原。长城在农耕文明和游牧文明的接合部，构建起维护正常交往的秩序。不同民族间的交流与融合，共同传承发展了中华文明。长城是中华民族融合的纽带，为中国社会形成多元一体的统一多民族国家奠定了良好的基础。因此，长城就是文化的节点，是中华民族精神和文化的重要历史和精神载体，体现着中华民族特有的价值理念和精神内涵，是中华文化精髓的核心释放，不仅代表着当时世界最先进的生产力，更代表着先进文化高度的自信与繁荣。

一个民族的文化层次越高，民族

的整体稳定性也就越好，民族自觉意识也就越强。万里长城的军事、社会、文化三大功能的形成过程也始终伴随着中华民族的生息繁衍，悲欢离合。长城的整部历史就是一部民族发展的历史，长城功能的演进也体现着发展性。长城一带最初人烟稀少，土地荒芜，随着历代封建王朝在长城一带实施屯田政策，大量的人口进入长城区域，也把中原地带的生产方式带了过去。同时，长城的修筑，不仅使抢掠不能成为常态，而且还为贸易构建了良好的秩序。农耕民族在长城里面种地，游牧民族在长城外面放牧，二者通过长城的关口进行正常的贸易，只有这样才能达到共生共存，融合发展。而面对艰难的生存环境和农耕的生产方式，沿线民众形成了吃苦耐劳、自强不息、崇和反战、忠孝仁义等文化特质，这些都成为中华文化的重要基因。“人民是历史的创造者，是决定党和国家前途命运的根本力量。”人民性是长城能够不断焕发生机活力的重要原因所在。只有深刻地理解长城功能的发展性与人民性，才能理解长城，读懂长城，才能深入挖掘长城的时代价值，才能更好地为今天的经济社会发展服务。

面向未来，人类文明的发展，必将使包括中华文明在内的区域文明日益走向融合，人类文明无疑将由多元走向一体，形成人类文明的多元一体新格局。今天的世界正经历百年未有之大变局，一方面，全球一体化已经成为世界性的历史趋势；另一方面，世界各国之间的各种矛盾、争端、冲突此起彼伏，经济、文化和科学技术大发展，经济与文化相互渗透日益强化，经济与文化的一体化趋势也在加强，就更需要我们从人类命运共同体的高度把握长城背后所蕴含的民族共同体、民族国家共同体和人类命运共同体的文化价值。在这一时刻，进一步认知长城、了解长城、解读和阐释长城就有了重大的现实意义和深远的历史意义。

独石口长城（2017年）

第二章 长城遗产的保护与传承

文化遗产的保护是一个世界性难题。像长城这样体量之大、覆盖之广、内涵之深的文化遗产保护更是难上加难。因此，对于长城保护的实践与探索，是为世界文物保护、文化传承提供中国方案。

强化规划引领，守好保护底线

长城文化是中华优秀传统文化的直接体现，是中华优秀传统文化长期存在与发展的重要基石。对于这座崇山峻岭之上的中华文化宝库，保护始终是第一位的。2017年9月，中共中央、国务院批复同意的《北京城市总体规划（2016年—2035年）》明确指出北京的城市战略定位是全国政治中心、文化中心、国际交往中心、科技创新中心。其中，文化中心建设要充分利用北京文脉底蕴深厚和文化资源集聚的优势，要加强历史文化名城保护，强化首都风范、古都风韵、时代风貌的城市特色，并提出构建四个层次、两大重点区域、三条文化带、九个方面的历史文化名城保护体系。《保护发展规划》即是《北京城市总体规划（2016年—2035年）》提出的“三条文化带”中“长城文化带”的专项规划。

北京市长城文化带横贯北京北部生态涵养区，它以燕山和太行山两大山脉为基底，以潮白河、永定河、温榆河和洵河四大水系为脉络，以长城墙体为主线，呈带状展开。

北京长城文化带的空间布局确定为“一线五片多点”，其中“五片”即五个核心组团片区，作为疏解长城开放景区游客压力的集中展示区。而五个片区将形成五个主题展示区，然后再分布有核心展示园、特色展示点以及展示带。展示内容也将不断“更新”。

《保护发展规划》对北京长城的价值特征进行了梳理，分别从北京长城在中国长城中的代表性；北京长城特殊的地理环境特征；农耕游牧交错地带自然与人文景观高度统一的特征；北京长城作为完整军事防御体系所反映的中国古代北方边疆防御制度；北京长城在选址布局、建筑材料和建造技术上体现的古人智慧；近代抗日战争期间在北京长城沿线抗击侵华日军进攻激发了中国全民族的爱国主义精神和抵御外敌、视死如归的民族精神六个方面进行了阐述。特别强调了北京长城是中国有长城分布的15个省、自治区和直辖市中保存最完好、价值最突出、工程最复杂、文化最丰富的段落，是中国长城最杰出的代表。

《保护发展规划》特别对北京长城文化带的价值进行了提炼，归纳为：①北京市长城文化带展现出这一地带丰富的文化多样性，反映了这一带状区域与众不同的人文特征，具有凝聚文化、展现文化传承和文化活力的作用，是长城文化的生长点。②北京市长城文化带横贯北京北部生态涵养区，长城对这一地理区域的人地关系产生深刻影响，呈现出这一地带无与伦比的自然与人文景观高度统一的特征。③北京市长城文化带是北京历史文化名城整体价值中的重要组成部分，是历史文化和自然生态永续利用的代表性地区，在推进北京北部宜居宜业的绿色发展示范区建设，开展历史文化旅游和生态休闲有积极的作用。

抗日战争中，长城更是作为中华民族的精神象征被写入未来的国歌，将中华民族的过去、现在和未来紧密联系在一起。我们关心和维护这个特殊的区域，是为了给文化的传承与生态的保护提供更加稳定的社会环境，让我们的子孙后代可以继续享有它。

突出功能完善，整合遗产资源

北京长城的价值是历久而弥新的。随着长城功能的发展，长城并没有因为其原有功能的弱化而式微，反而越来越有生命力。不同时代赋予长城的丰富精神价值是长城永葆生机的重要依托，也是长城继续发展的重要支撑。实现北京长城这一历史文化遗产的功能与价值，把跨越时空、具有当代价值的文化精神弘扬起来、传播开来，是一种使命，一种担当，一种职责。

正如《关于建筑遗产的欧洲宪章》（1975年）所述：建筑遗产中所包含的历史，为形成稳定、完整的生活提供了一种不可或缺的环境品质……建筑遗产是一种具有精神、文化、社会和经济价值的不可替代的资本。[1]每一代人对历史都有不同的诠释，并从中获得新的灵感。这一资本经过数百年才积累形成，对其任何部分的破坏都只会让我们更加贫穷，因为我们创造的任何新事物，无论多好，都无法弥补这一损失。作为我们不可或缺的组成部分，今天的每一处长城，都应以其原真的状态和尽可能多的类型传递给后代。否则，作为我们民族的意识自身的延续性就将被破坏。为此，我们要更加重视和发挥好长城这一历史文化遗产的重要功能，让它成为我们最古老的历史“活的见证”。认识和梳理这一功能，有利于长城的保护和利用。总体上来看，北京长城历史文化遗产具有以下几种功能。

教化涵养功能。长城是一项杰出的历史文化遗产，在中华文明史和世界文明史上都占有重要的地位。北京长城为我们架起了一座连接过去和现在的桥梁，也为从今天走向明天提供了不可或缺的精神养料，是提高民族自信心、进行爱国主义教育和精神文明建设的重要载体。

研究考证功能。任何一种历史文化遗产都凝聚着前人对事物本质和规律的认识和利用。北京长城是我们古都文化、中华文化珍贵的第一手资料，反映了当时社会条件下生产力发展水平、科学技术水平和人们的创造能力，具有研究意义。

审美熏陶功能。北京长城的艺术内涵非常丰富，给人以美的启迪、美

1　张松．城市文化遗产保护国际宪章与国内法规选编 [M]. 上海：同济大学出版社，2007.

古北口长城（2021年）

的享受，充分发挥北京长城文化遗产地的游览功能是其审美功能的重要表现。但从长远利益出发，要把对长城的保护放在第一位，进行科学合理的利用，实现可持续发展。

产业创新功能。秉承客观、科学、礼敬的态度，把北京长城历史文化遗产与当前首都经济社会发展有机地统一起来，实现创造性转化和创新性发展，形成以长城元素为核心的具有民族特色的文化产品，发挥产业创新的功能。

生态维护功能。北京长城具有文化生态与自然生态两种功能。文化生态功能指的是，北京长城在中华文化的传承与发展中具有不可替代的作用，一旦消失将会造成文化生态系统的失衡。“优秀传统文化是一个国家、一个民族传承和发展的根本，如果丢掉了，就割断了精神命脉。”自然生态功能指的是，北京长城区域是北京乃至京津冀地区重要的生态涵养区，要发挥涵养水土、调节气候、栖息动物、繁衍植物等功能。

同时，我们还应该认识到，长城是线性文化遗产，其功能的形成与实现具有线性文化遗产独有的特征。线性文化遗产具有物质和非物质的整体性特征，具有文化资源分散化的特征，具有时空尺度大的特征。这些特征决定了北京长城历史文化遗产功能的发挥要更加注重内涵的挖掘、资源的集成与跨区域的协同。

《保护发展规划》的发布，标志着长城不再只论长度，还有了更为立体的空间范畴。此前在做资源调查时确定的范围是长城主线两侧各3千米，但在此之外还会有类似烽燧的资源。如今，专业部门梳理长城资源时采取了更广阔的“视角”，同时考虑了功能相关、空间相关、文化相关等。目前公布的北京长城全长520.77千米，分布在平谷、密云、怀柔、延庆、昌平和门头沟6个区。另有专家称，查询北京长城历史地图，房山区也曾有一道墙，这是值得进一步研究的[1]。随着考古工作的进行与开展，长城相关的遗产资源将得到补充。

另外，还有长城沿线的红色文化和抗日文化点的普查调查和问题梳理，以及寻找相关文化线路等项目。要通过实地踏勘，挖掘出长城沿线的红色文化故事。总之，以往人们对长城的认识，大多停留在文物保护的层面。事实上，每一个人，包括从事文物保护和传承的工作人员不单纯是文物的守护者、保卫者，更是长城文化和长城精神的传承者、弘扬者。因此，长城既是长城地带的一种标志，更是用长城这一非常明显而又特殊的标志物传递一种特殊精神力量的一种图腾。因此，对长城的保护不仅仅涉及地理环境、经济生产、军事政治和民族文化等多方面的内涵，更需要精神和文化层面的深度挖掘，而这恰恰决定着长城文化因素的主要构成，具有和反映长城文化因素的地理空间和生活其间的各民族及其所创造的社会文化综合体的最大价值和意义。

积极保护利用，重在精神传承

真实性和完整性是世界遗产保护的两个原则。而北京的长城，不仅仅注重其保存状态的真实性和完整性，更强调其价值突出性、建造技艺精良和复杂性、长城沿线文化丰富性，真

1　近5千（5000）平方公里！北京将出台长城国家文化公园保护规划 [EB/OL]. (2020-08-09) [2021-12-20]. https://k.sina.com.cn/article_1893892941_70e2834d02000t8wm.html.

正让北京段长城成为中国长城最具代表性的精华段。长城作为一项历史文化遗产本身是唯一的、不可再生的，但是其功能和价值是多维的，是可以挖掘和发展的。从文化遗产的价值和作用来看，二者既有联系也有区别，遗产价值的高低取决于遗产作用的大小，遗产价值随着人们对遗产作用认识的深化而变化。因此，北京长城只有发挥好遗产的综合作用，才能充分体现其价值，也只有进一步认识长城特有的价值，特别是挖掘其精神价值，才能充分发挥长城文化遗产的作用。这就涉及采取什么样的模式来充分发挥长城的功能，彰显其价值的问题，这也是北京长城文化带建设的目的和意义所在。北京长城文化带建设必须处理好魂与体的关系，处理好社会效益与经济效益的关系，实现对北京长城历史文化遗产更好地保护、传承与发展[1]。

一方面要保护修缮长城建筑本体，让北京长城历史文化遗产价值得以传承。长城存在的本身就是一种价值，因为它是中华文明的源泉。保持北京长城历史文化遗产完整真实地存在是北京长城文化带建设的重要任务。长城需要整体性保护，特别是要对建筑本体进行抢救性修缮，切实保护其重要建筑构件。对于历史上地面部分已坍塌或消失的长城遗址，实施遗址原状保护，不进行原址重建或大规模修复。

另一方面，要以长城的建筑形制为重点扩展延伸，将长城沿线的风物遗迹、民居建筑、历史事件、风俗习尚等众多单体民俗资源串联成为一个更具价值的文化区域，注重点、线、面相结合，从静态保护转向动态保护和活化利用，在彰显长城建筑遗产价值的同时，带动长城区域的整体发展。这种保护利用不能只盯着长城遗址遗存，而是要和长城区域丰富多彩的文化相结合。要把文化传播做好，就要注重把文化资源转化为有形的、可以体验的文化项目。长城的文物价值不等于旅游价值，“绿水青山就是金山银山”是需要做转化的。长城沿线分布着数量众多物质和文化遗产、相关历史文化资源、红色旅游资源和非物

1 北京市政协教文卫体委员会，北京国际城市发展研究院，等．长城踞北：综合卷 [M]. 北京：北京出版社，2018.

质文化遗产资源，这些都是重要的长城文旅融合发展的资源。

近年来，中国围绕长城文化遗产的保护不遗余力，成效显著。习近平总书记高度重视长城保护，先后作出一系列重要论述和重要指示批示。党中央、国务院统一部署，持续推进长城保护探索与实践。国家文物局会同沿线地方政府建立以《长城保护条例》为主体、地方专项法规为支撑的法律体系；发布《中国长城保护报告》，重新审视长城价值，挖掘提炼长城精神，增强全社会的长城保护意识；强化顶层设计，建立“长城保护总体规划制度”，提出原状保护的总体策略和保养维护、局部抢险、严控修复的工作方针；组织实施保护、整治、考古项目近600项，打造北京箭扣、河北喜峰口长城研究型保护示范项目；加大人员培训力度，推动公众参与长城保护实践，提升了保护管理能力、水平；推进中英“双墙对话”，搭建文明交流互鉴桥梁，为世界文化遗产保护跨国合作提供了宝贵经验。

2021年7月22、23日晚，联合国教科文组织第44届世界遗产大会先后审议并顺利通过我国丝绸之路：长安—天山廊道的路网、布达拉宫历史建筑群、澳门历史城区、左江花山岩画文化景观、武当山古建筑群、长城6项世界文化遗产保护状况报告。其中，长城被世界遗产委员会评为保护管理示范案例，这是继2018年大运河之后，我国世界遗产保护管理工作再一次获此殊荣。世界遗产委员会在决议中高度评价我国政府在长城保护方面采取的积极、有效措施，使遗产突出普遍价值得到了妥善保护，并赞赏中国政府推进长城国家文化公园建设，颁布实施《长城保护总体规划》，以及在公众传播推介、遗产地能力建设、专项保护立法、现代科技应用、国际交流合作、缓解旅游压力等方面做出的努力和取得的成效。

第三章

“活起来”“亮起来”“响起来”

龙脊沧桑铸就文化之魂。长城是全人类的共同财富，对其进行保护使之能够代代相传、永续利用是国家、政府和全社会应该承担的历史责任。长城的每一块砖石，每一方泥土，都记载着丰厚的历史信息，蕴藏着丰富的文化内涵，彰显着中华民族的精神基因。[1]“无法连接历史与未来的长城保护就是破坏。”做好北京长城文化带的保护、传承与利用，就是要妥善处理好历史文化遗产保护与利用的关系、处理好历史文化与现实生活的关系，让长城的保护、传承和利用与首都全国文化中心建设、京津冀协同发展战略有机衔接，在全国文化中心建设的大局中和京津冀协同发展的格局下进行统筹安排、系统设计、整体推进。规划建设北京长城文化带，要找准长城文化带保护传承和开发利用的关键节点，对北京长城文化进行原貌性保护、创造性转化和创新性发展，特别是要紧紧围绕2022年北京—张

1　中国长城博物馆 . 京畿屏障 : 北京长城历史与文化 [M]. 北京 : 北京教育出版社 , 2018.

居庸关长城中秋活动（2021年）

家口第24届冬季奥林匹克运动会的筹办，将我国优秀传统文化与世界文明有机融合，让长城经得起历史沧桑、看得见岁月留痕、固得牢文化根脉，彰显出时代价值。

活起来，长城文化的时代内涵

长城是中华民族在特定的地理、历史环境中创造的奇迹，长城是中华民族价值观和社会观的载体之一。长城所蕴含的独一无二的理念、智慧、气度、神韵，增添了中国人民和中华民族内心深处的自信和自豪。建设北京长城文化带，重在深入挖掘其蕴含的人文精神、价值观念、理想追求，结合时代要求继承创新，让中华文化展现出永久魅力和时代风采，充分展现中国特色社会主义的道路自信、理论自信、制度自信、文化自信，为国家和民族发展不断积蓄更基本、更深沉、更持久的力量。这是北京长城文化带能够而且应该担负起的文化使命。建设北京长城文化带，关键是要探索出一条文化遗产保护、传承和利用的新模式、新路径，有效保护长城历史文化遗产、展示长城文化内涵，实现长城的保护利用与区域发展协调推进，在服务首都全国文化中心建设中彰显长城的价值与魅力。要按照习近平总书记强调的“加强对中华优秀传统文化的挖掘和阐发”，从传统文化中提取民族复兴的“精神之钙”，使之“在继承中发展，在发展中继承”，并“与现实文化相融相通，共同服务以文化人的时代任务”，使优秀传统文化的价值理念、道德精髓与当今社会发展需要相契合，让优秀传统文化在人民心里落地生根，为民族复兴提供坚实的文化支撑。[1]对世界文化遗产的保护并不排斥对其合理利用。对世界文化遗产的开发利用不应是对资源的消耗，而是对资源的可持续利用，开发其科学、文化和旅游资源，带动国家和地区的可持续发展。

党的十八大以来，习近平总书记就传承和弘扬中华优秀传统文化作出一系列重要论述。他强调：“让收藏在博物馆里的文物、陈列在广阔大地上的遗产、书写在古籍里的文字都活起来”[2]。“活起来”三个字，为文化遗产保护工作指明了方向，也是推动文明交流互鉴的内在要求。认识的高度和深度，决定着北京长城文化带建设的格局和蓝图。加快推进北京长城文化带建设，是实现“两个一百年”奋斗目标和中华民族伟大复兴中国梦的必然要求，是落实首都城市战略定位，加快建设伟大社会主义祖国的首都、迈向中华民族伟大复兴的大国首都、国际一流的和谐宜居之都的重要举措。站在这样一个高度上，北京长城文化带建设必须坚守中华文化立场，立足当代中国现实，结合当今时代条件，坚持创造性转化、创新性发展，坚持长城本体保护与区域整体保护并重的理念，坚持长城分段保护与系统保护同步的理念、长城文化带建设与区域发展共赢的理念，实现北京长城文化带在保护中发展，在发展中保护。首先要保护好长城文物本体及风貌，先让文物有尊严地“活”下来，这是对其进行有效利用的先决条件；研究先行，做好遗产价值阐释，明确展示内容；在公园建设中将长城沿线居民吸收进来，这是他们的家园，要将他们置于建设参与者和受益者的地位。

按照整体性保护原则，北京长城

1 单霁翔．让文化遗产与现实生活相融相通 [EB/OL]. (2019-08-27) [2021-12-20]. https://epaper.gmw.cn/gmrb/html/2019-08/27/nw.D110000gmrb_20190827_4-10.htm.

2 习近平在联合国教科文组织总部的演讲 [EB/OL]. (2019-04-30) [2021-12-20]. https://news.cyol.com/xwzt/2019-04/30/content_18005876.htm.

文化带的保护、传承和利用要在更大的空间格局下，通过对长城及其周边物质和非物质文化遗产的保护、传承和利用，构建出空间分区合理、功能结构清晰、主次分明的文化生态环境。在保护有形物质建筑的同时，更要强化对非物质文化遗产的保护和利用，将有形的文物古迹与无形的历史韵味相结合，注重对文物的文化底蕴、文化内涵、文化价值的挖掘整理，从单纯的以建筑本体为主的物质形态保护转向社会文明、经济生活的总体性保护。既要对长城的墙体、城堡、关隘、烽火台和敌楼等进行完整保护，做到不改变文物原状和最小干预，妥善保护长城的真实性、完整性和沧桑古朴的历史风貌。同时，又要突出长城文化带的系统性和协同性，将长城周边的自然生态景观、地域民俗文化等纳入保护范畴，实现由注重长城本体保护向长城本体与周边环境、文化生态的整体保护转变。要聚焦北京长城文化带建设，深入挖掘长城所附着的自强不息、锲而不舍的精神特质，更好地弘扬中国精神。要彰显长城所附着的包容发展、大同世界的价值追求，更好地传播中国价值。要凸显长城与社会主义核心价值观相契合的文化内涵，更好地凝聚中国力量。

推进北京长城文化带建设，要以有利于文物保护为前提，以服务公众为目的，以彰显长城历史文化价值为导向，进一步挖掘、传播、弘扬和活化长城文化带独特的文化价值，统筹考虑长城沿线社会、经济、生态效益及资源环境的承载能力，将长城文化带的保护、传承和开发利用与区域经济社会发展相结合，与提高群众生活质量相结合，与当地城乡建设相结合，与生态环境改善相结合，不断创新长城合理适度利用的有效途径。要致力于增强中华优秀传统文化的凝聚力、影响力和创造力。提升凝聚力，就是要把弘扬民族精神和时代精神，加强爱国主义、集体主义、社会主义教育，引导人们树立正确的历史观、民族观、国家观、文化观，凝聚全体人民精神力量作为北京长城文化带建设的重要任务。通过长城，把跨越时空的思想理念、价值标准、审美风范转化为人们的精神追求和行为习惯，形成向上向善的社会风尚。提升影响力，就是要通过长城这张中国名片，推动国家文化软实力和中华文化影响力进一步提升。推进北京长城文化带建设的一个重点，就是要探索中华文化国际传

金山岭长城（2017年）

播与交流新模式，加强中外人文交流，讲好中国故事，传播好中国声音，阐释好中国特色，展示好中国形象，让真实、立体、全面的中国，在世界舞台上的意义不断彰显。提升创造力，就是要在北京长城文化带建设中，重点梳理长城的历史渊源、发展脉络、基本走向，做好对长城的保护与传承。北京长城文化带建设创新性发展，关键是不断赋予长城文化新的时代内涵和现代表达形式，使承载着中华民族最基本的文化基因的长城区域与当代文化相适应、与现代社会相协调，推动长城区域不断发展。

亮起来，文化重构中的新定位

2014年2月，习近平总书记在北京考察期间指出，“要明确城市战略定位，坚持和强化首都全国政治中心、文化中心、国际交往中心、科技创新中心的核心功能，深入实施人文北京、科技北京、绿色北京战略，努力把北京建设成为国际一流的和谐宜居之都。”加快推进首都全国文化中心建设，既是中央对北京的战略定位要求，同时也是北京建设和谐宜居之都的题中之义。首都建设“全国文化中心”，既是历史机遇，更是政治担当，必将对首都未来整体发展格局产生深远影响。

因为长城文化，北京建设全国文化中心具有战略性。建设北京长城文化带，要以保护为前提，以传承发展为宗旨，系统梳理长城文化带的文化资源，深入挖掘历史文化遗产的整体价值，突出重点，塑造亮点，建设一个文化资源集成平台，打造线下阐释与线上展示两个系统，科学划分核心保护区、重要展示区和发展带动区三大区域，实施反映线性文化遗产保护、传承与利用基本规律的四个策略，高起点建设五个空间组团，高标准推动实施“六个一批”的重点项目，促进长城沿线文化遗产保护利用连线成片，保护北京长城文化带历史文化遗产的完整性、维护自然生态环境的安全性，擦亮北京长城文化带品牌。把北京长城文化带打造成为我国长城文化遗产廊道上一张亮丽的名片，让长城文化与长城精神更好地延续和传承下去。在进入新发展阶段，面对新发展格局，对于北京来说，进一步坚持和强化全国文化中心建设，既是一项必须完成的国家战略，同时也是释放北京发展活力、系统规划提升北京乃至全国文化发展水平的重要举措，是京津冀面向未来30年打造世界级城市群的制高点。北京是中国的首都，北京建设全国文化中心，本质上是建设中国文化的体量和高度。建设全国文化中心，就是要建设一个引领和引导全国文化大发展的“中心”，提升整个国家的文化发展水平和发展品质。而所有这一切，离不开长城文化，必须首先让长城文化带“亮”起来，搭平台、建机制、定策略、强组团、完项目等，协同发力，尤其是围绕北京长城的空间特质、历史脉络、长城本体、功能演变以及北京长城文化带的建设，通过对史料、文物、遗迹等不同物化形态的考察、分析，构建一个线上线下融合的数字化展示平台和体验式交互系统。

因为长城文化，北京建设全国文化中心还表现为一种人民性。政治中心是首都的本质属性，国际交往中心是政治功能的延伸，科技创新中心是赋予的功能，而文化中心是内生的，是基于北京的历史文脉和文化发展基础而形成的，是体现以人民为中心的发展理念的核心。包括长城在内的文化地标，是以人民为中心的外化，是人民性发展理念的表达。以人为本是中国文化最根本的精神。通过长城的

黄崖关长城（2021年）

规划保护，既要把祖先留给我们的文化遗产保护好，也要着眼发展，制定符合地方实际的旅游开发政策，把老百姓自下而上调动起来，参与到文物的保护、传承、展示、利用中，从中脱贫受益，所有这些总结成一个词就是——以人为本。北京建设全国文化中心是一个大文化的概念，要充分认识到文化与教育、城市管理、社会治理、产业发展、生态保护等各方面的融合性，进一步以模式创新为核心，建立全覆盖、更完善的北京长城文化带保护与传承体系。

历史文脉体现的是城市独一无二、卓尔不群的特质。如果说文化是一个城市的精神灵魂，那么文脉就是一个城市精神传承的遗存，这种遗存是由这个城市的历史积淀形成的。2014年、2017年习近平总书记两次视察北京，都对北京文化建设作出了重要指示。他特别强调，北京历史文化是中华文明源远流长的伟大见证。要构建涵盖旧城、中心城区、市域和京津冀的历史文化名城保护体系，更加精心保护好世界遗产，加强对“三山五园”、名镇名村、传统村落的保护和发展，加强对文物、优秀近现代建筑、工业遗产、非物质文化遗产的保护，凸显北京历史文化的整体价值，强化“首都风范、古都风韵、时代风貌”的城市特色。因此，北京建设全国文化中心，必须把世界文化遗产保护与首都经济社会发展协调起来，展示时代风貌。以北京长城文化带建设等重点任务为抓手，广泛开展世界文化遗产展示、交流与互动，形成世界文化遗产集成效应。推动世界文化遗产融入当代生产生活，使传统文化与当代文化相适应、与现代社会相协调。把北京长城文化带建设与北京建设美丽城市结合起来，集中展示国家形象、民族气魄和首都文化，凸现时代风貌。

北京长城文化带建设是中华优秀传统文化传承发展的一项标志性工程，要确立一个总体目标，即为全国文化中心建设夯实根基，为提升中华文化的国际影响力贡献力量。要推动长城历史文化遗产保护、传承体系尽快形成，同时围绕长城元素协同推进研究阐发、教育普及、保护传承、创新发展、传播交流等并取得重要成果，形成更加丰富的具有长城特色的文化作品和产品，这些与长城有关的文学艺术作品所显示的豪迈，同样蕴含着人们对祖先修筑长城时所显示的智慧、毅力和艰苦奋斗精神的尊崇。随着长城象征意义的不断演化和丰富，特别是当长城的军事防御功能逐渐消退、文化精神作用不断加强时，这种风格就显得更为明显，更使人感到自身力量的伟大，以及这种伟大力量的弥足珍贵。聚焦这个总体目标，北京长城文化带建设要更加注重保护与利用并重，把社会效益放首位，让社会效益和经济效益相统一。在社会效益和经济效益两个方面进一步确立具体目标。特别是在社会效益方面，建设北京长城文化带，要突出其公益属性，坚持把价值取向、保护效果、群众口碑等作为评价的主要标准。进一步挖掘长城的历史文脉，保护好北京长城遗产及其周边的历史风貌和自然环境，传承和延续长城历史文化价值内涵，使长城成为首都全国文化中心建设的经典性元素和标志性符号，呈现首都文化的悠久性和丰富性。北京长城文化带建设的成果要经得起群众评价和历史检验。建设北京长城文化带，为长城保护与发展利用带来了全新的机遇，这是北京长城综合价值的体现。当然也要看到，北京长城所在地多为京郊山区地带，经济和社会发展相对滞后，生态系统较为薄弱，最近几年长城旅游兴起使得政府和当地居民认识到利用长城资源发展的重要性，但是缺乏保护意识，对长城价值的认识不足，盲目追求短期利益，一定程度上造成了长城资源的消耗。因此，构建北京长城文化带，要结合北京自然和人文的资源优势，科学地开发长城资源，研究探索让文化遗产“活”起来的途径，推动北京长城实现整体保护和合理开发的可持续发展，改善北京西北部山区的自然和人文环境，带动长城沿线社会经济和文化建设的协调发展。

响起来，世界名城的高峰再造

长城是中国的，更是世界的。北京是一个见证了历史沧桑变迁的千年古都，北京长城是这座千年古都的记忆与文脉的重要组成部分。凸显北京历史文化的整体价值，把北京建设成为世界文化名城，助力迈向世界文化中心，需要保护、挖掘和利用长城文化带的文脉底蕴。北京长城文化带的规划建设，不仅要在北京全国文化中心建设中找准定位，更要在世界文化中心建设中抢占制高点，明确新目标。要精心保护好长城这份世界文化

八达岭长城（2021年）

遗产，在保护中传承，在传承中弘扬，在弘扬中升华，助力世界文化中心的高峰再造。

印度诗人泰戈尔曾这样说："古希腊的明灯在初点燃的土地上熄灭。罗马的威力被埋葬在广大帝国的废墟下。但是建立在社会与人的精神理想基础上的文明仍然活在中国和印度。……正像活的种子一样，天上降下滋润的雨水，它就会抽芽、成长，伸展它造福的树枝，开花、结果。"北京长城历史文化遗产就应该是这样的种子，就应该不断赋予它时代的价值和生命，为人民提供精神指引。

长城是一段金戈铁马熔铸的文化记忆。不仅要从全国文化中心的角度诠释其深刻内涵，更要从世界文化中心的高度，进一步挖掘其深厚的文脉底蕴。尤其是要通过北京奥运会、北京冬奥会这样的重大赛事和活动等，更多地让世界各国的人们走近长城建筑本体、感知长城所处空间、梳理长城修筑历史、触摸长城功能演变，推动长城文化走向世界，提升北京在世界文化交流互鉴中的中心地位。要把北京长城及其周边资源整体保护、合理利用放在北京世界文化名城建设的大框架下，从国家战略定位、功能作用以及发展思路等展开探讨，以期为北京长城文化带规划建设的研究提供全新的视角。北京长城文化带建设的核心要义是承担起文化传承的功能。这种文化传承既包含着保护北京的历史文化遗产和传统文化民俗，也要担负起保护传承中华民族优秀文化的历史重任。

目前，广州等城市已经全面加速迈向世界文化名城，加快建设全球区域文化中心城市。在第44届世界遗产大会上，中国申报的文化遗产项目“泉州：宋元中国的世界海洋商贸中心”（Quanzhou：Emporium of the World in Song-Yuan China）审议通过，成功列入《世界遗产名录》。这些“中心”所传递和表达的文化价值，是中国文化自信最直接的见证和中国走向世界舞台中心、加快实现中华民族伟大复兴最鲜明的标志。因此，北京长城文化带建设要提高站位，更多从世界文化中心的层面广泛开展活动，在对外交流上主动作为，发挥示范带动作用。作为全国文化交流、国际交往的重要窗口，北京当仁不让地应该有这样的自信，有成为世界文化中心的自觉，而雄伟壮阔的长城，当之无愧地是北京走向世界的一张“金名片”。接下来，北京长城文化带应借势“一带一路”建设、2022年冬奥会等战略机遇，推动长城文化交往向更高的层次迈进，讲好中国故事，传播中国优秀文化，提高中国文化软实力。要通过北京冬奥的举办，让更多人看到长城之美、领悟长城之魂，加快中国文化的世界认同。要充分考虑各个奥运场馆的视觉效果与长城物理空间的融合，高水平再现长城内外壮美景色与场馆景观交相辉映，高水平展示现代元素与历史文化的相得益彰，将北京冬奥场馆打造成为冬奥文化遗产、城市的名片。建立与长城形象、长城品质相匹配的文化创意产业体系和创新体系，进一步激发文化创新活力，引领发展、推动发展。同时，积极开展国家级、国际性长城文化展示交流会议、长城文化论坛等活动，加强北京长城文化带与全国各地和世界各国的人文交流，搭建桥梁和纽带，拓宽交流交往功能。

第四章 长城国家文化公园

建设长城、大运河、长征、黄河国家文化公园，是中国推进实施的重大文化工程。万里长城是中国悠久历史和灿烂文明的象征，凝聚了中华民族众志成城、坚韧不屈的爱国情怀。随着长城国家文化公园的建设，流淌在中国人血液中、凝结在共同记忆里的文化基因，将展现出永恒的魅力。

从“荒野”到“公园”

国家文化公园是中华文化的重要标识。2020年10月29日，中国共产党第十九届中央委员会第五次全体会议通过《中共中央关于制定国民经济和社会发展第十四个五年规划和二〇三五年远景目标的建议》，提出建设长城、大运河、长征、黄河等国家文化公园。

国家公园概念缘起于美国对“荒野”的保护；而国家文化公园概念是中国首先提出的，即以保护、传承和弘扬具有国家或国际意义的文化资源、文化精神或价值观为主要目的，兼具爱国教育、科研实践、娱乐游憩和国际交流等文化服务功能，经国家

独石口长城（2017年）

有关部门认定、建立、扶持和监督管理的特定区域。国家文化公园建设的基本目标就是要从国家层面整合具有突出意义、重要影响、重大主题的文物和文化资源，实施公园化管理运营，实现保护传承利用、文化教育、公共服务、旅游观光、休闲娱乐、科学研究功能，形成具有特定开放空间的公共文化载体，集中打造中华文化重要标志。其主要内容包括建设管控保护、主题展示、文旅融合、传统利用4类主体功能区，以及协调推进文物和文化资源保护传承利用，系统推进保护传承、研究发掘、环境配套、文旅融合、数字再现等重点基础工程建设[1]。

荒野是形态，公园是特质。荒野是无为之然，公园是有为之治。建设国家文化公园意义深远，集中体现在对中华文化核心价值的保护、展示和传承方面。长城、大运河、长征、黄

1　董耀会．谈长城国家文化公园建设的指导思想及基本原则 [EB/OL]. (2021-01-26) [2021-12-20]. https://baijiahao.baidu.com/s?id=1689912991698293931&wfr=spider&for=pc.

河路线都是典型的线性文化遗产。由于保护意识、管理制度等方面的不足，我们对这类文化遗产的认知比较匮乏，因此，国家文化公园的建设可以增进我们的认知，并以此为先行示范，逐步摸清“家底”。同时，建设国家文化公园符合我国新时期文旅融合发展的趋势，它将成为推动文旅融合的重要载体，有利于构建全覆盖、更完善的保护体系。在这个过程中，既要发挥历史文化遗产保护的社会协同效应，继续关注长城世界历史文化遗产本身的建构，更要关注其与社会系统的密切互动，在可持续发展的框架下整体谋划和全盘设计，建立文化遗产保护、区域社会经济统筹发展、广大人民群众精神文化需求之间的良性互动关系。

从保护定位上看，国家公园是我国自然保护地最重要类型之一，属于全国主体功能区规划中的禁止开发区域，纳入全国生态保护红线区域管控范围，实行最严格的保护。除不损害生态系统的当地居民生活生产设施改造和自然观光、科研、教育、旅游外，禁止其他开发建设活动。而国家文化公园更加讲求还生态、还文化、还园于民的理念，其特征是突出创新性、公益性、开放性和国际性。从目前所确定的建设范围看，长城国家文化公园的北京段主要是以八达岭—十三陵风景名胜区（延庆段）边界为基础，其目的是在保护人文资源的同时，带动自然生态的保护和建设，通过整合长城周边的各类保护地，形成统一完整的生态系统。因此，在北京长城文化带的规划建设中，要进一步以北京长城国家公园建设为切入点，积极承担北京长城国家公园试点建设任务，主动参与规划编制、机制设置、确权登记、政策研究等一系列工作。从目前10个国家公园试点来看，北京长城国家公园体制试点区先期选址于延庆区八达岭长城区域，总面积59.91平方千米。试点区涉及的主要保护地包括长城世界文化遗产、八达岭—十三陵风景名胜区（延庆段）、北京八达岭国家森林公园、中国延庆世界地质公园八达岭园区四大类。从国家公园设立的标准来看，北京长城文化带沿线符合生态系统代表性、面积适宜性和管理可行性的要求，将整个长城文化带纳入国家公园，能够在更大的空间范围内进行探索和试验，对于国家公园体制的建立和完善将发挥更大作用。

以建设国家文化公园为契机，北京长城文化带要加快对现有的风景名胜区、自然保护区、地质公园和森林公园等自然保护地现有的保护管理效能进行重新评估和系统分类，厘清各类自然保护地的关系，进一步研究自然保护区的功能定位，着力构建以国家公园为代表的自然地保护体系。这些年，以长城游览为主或者依托长城建设的景区数量很多，这些景区已经成为“不到长城非好汉”的打卡之地，人们收获的主要是“到此一游”的初级感受，长城的价值被简单化了。尤其到了节假日，热门的长城景点更是拥挤不堪。而长城国家文化公园除了适度发展旅游外，会更加强调和彰显其文化价值，使人们认识到长城不仅是军事防御工程，还是文明互通的桥梁和我们生活的家园，这才是国家文化公园应该达到的效果。在长城国家文化公园建设中，还将构建起与国家文化公园建设相适应的理论体系和话语体系。同步推出国家文化公园形象标志，串珠成线、连线成片，打造广为人知的视觉形象识别系统，不断提高传承活力。[1]同步推动开发乡土教育特色资源，鼓励有条件的地方打造实景演出，让长城文化、大运河文化、长征精神融入群众生活。同步实现主题展示区无线网络和第五代移动通信网络全覆盖，打造永不落幕的网上空间。依托国家数据共享交换平台体系，建设完善文物和文化资源数字化管理平台。

构建多元治理新格局，实现政府尽责、社会担责与人人有责。保护和传承历史文化遗产，是全社会的共同责任。特别是对于线性文化遗产而言，由于其跨越距离较长，涉及管理单位和利益团体较多，构建多方合作机制是国外普遍采取的策略。比如，英国旁特斯沃泰水道桥与运河指导委员会、英国哈德良长城管理规划委员会，美国黑石和峡谷国家遗产廊道委员会等均是由多方参与的管理机构[2]。习近平总书记要求，“各级文物部门要不辱使命，守土尽责，提高素质能力和依法管理水平，广泛动员社会力量参与，

1　张京成 . 国家文化公园建设的研究思考 [EB/OL]. (2021-03-10) [2021-12-20]. http://www.71.cn/2021/0310/1120704.shtml.

2　李婷，王斯敏，等 . 长城国家文化公园怎么建 [EB/OL]. (2019-10-09) [2021-12-20]. https://epaper.gmw.cn/gmrb/html/2019-10/09/nw.D110000gmrb_20191009_1-07.htm.

八达岭长城（2021年）

努力走出一条符合国情的文物保护利用之路”。

长城文化公园建设属于公益事业，要鼓励和吸引民间组织和国际力量参与长城世界文化遗产的保护工程。不断拓宽长城保护经费渠道，设立长城保护公益基金，探索PPP（Public - Private Partnership，政府和社会资本合作）、众筹等新模式，吸引社会力量投入长城保护与展示领域。当然，对社会力量参与长城保护利用，不仅需要作出程序、制度上的规定，更要加强事中事后监管，避免暗箱操作、损害公共利益，特别要防止在保护利用过程中对文物造成破坏。

长城国家文化公园建设，要采用不同的方式方法和技术手段，与更广泛的资源相融合，让长城沿线的游客目的地都成为长城文化活动地并通过长城文化导入助力其发展，让这些旅游地成为长城文化的载体，让游客能够在旅游的过程中吸取到长城的文化价值和精神内涵。优先发展资源条件好但发展水平相对滞后的区域，突出重点，形成集聚，优化整体发展格局，形成新的发展极，缩小区域间的发展水平差距。充分考虑长城的地域广泛性、文化多样性和资源差异性，以及不同区域的资源禀赋、人文历史和社会经济特点，突出地域文化特色和资源优势，因地制宜，差异发展，形成不同的区域特色和文化品牌。

文物也有尊严，既要严格保护，又要合理利用。长城国家文化公园及其保护、传承和利用，要体现人文关怀，凝聚全社会的共识和力量，将“人”纳入长城文化带保护、传承和利用之中，宣传和动员社会力量和广大民众参与，努力形成历史文化遗产保护与管理的合力。人民性是长城区别于很多世界文化遗产的重要属性，建设长城国家文化公园，不仅是政府的职责所在，更需要公众的共同努力。要充分发挥当地群众保护长城的积极性和自觉性，筑起守护长城的“人民长城”，焕发长城更加强盛的生命力。

创新京津冀协同发展模式，实现共同保护、共享成果、共赢发展。习近平总书记指出，京津冀地缘相接、人缘相亲，地域一体、文化一脉，历史渊源深厚、交往半径相宜，完全能够相互融合，协同发展。在京津冀协同发展的国家战略下，传承长城文化、弘扬长城精神、发挥长城作用是京津冀三地的共同愿望和共同责任。要以《京津冀协同发展规划纲要》和《京津冀旅游一体化协同发展规划》为基础，站在京津冀协同发展的战略高度，建立京津冀三地长城历史文化遗产共同保护机制，推动实施京津冀地区长城历史文化研究保护传承工程，推动建立京津冀一体化的保护和利用体系，共享长城资源，做好规划衔接，协调保护和安全防范措施，协同推进北京长城文化带建设，共同营造京畿特色、多元活力的文化体系，实现共同保护、共享成果、共赢发展。

按下快进键

长城国家文化公园建设是一项重大的文化工程。当前，我们对国家文化公园建设目标的了解是否明确具体，对目标衡量标准的理解是否清晰，对于做好长城国家文化公园建设工作至关重要。2019年12月，中共中央办公厅、国务院办公厅印发的《长城、大运河、长征国家文化公园建设方案》（以下简称《建设方案》）及文化和旅游部牵头制定的《长城国家文化公园建设实施方案》对国家文化公园建设主要目标作出了明确的规定。2020年12月11日，长城国家文化公园建设推进会在河北省秦皇岛市召开，会议进一步明确了长城国家文化公园的建设范围、建设内容、建设目标和主要任务。具体而言，长城国家文化公园建设的目标，可以从四方面来理解。分别是：建设完成时间目标、建设地域范围目标、历史朝代范围目标、建设内容目标。其中，建设内容目标是重中之重，长城国家文化公园建设的发展蓝图主要就体现在建设内容目标方面。

关于时间目标，《建设方案》明确，到2023年底基本完成，其中长城河北段、大运河江苏段、长征贵州段作为重点建设区于2021年底前完成。什么是“基本完成”？根据《建设方案》，长城沿线文物和文化资源保护传承利用协调推进局面初步形成，权责明确、运营高效、监督规范的管理模式初具雏形，要形成一批可复制推广的成果经验，为全面推进国家文化公园建设创造良好条件。

关于建设地域范围和历史朝代范围，《建设方案》明确规定，长城国家文化公园，包括战国、秦、汉长城，北魏、北齐、隋、唐、五代、宋、西夏、辽具备长城特征的防御体系，金界壕，明长城。涉及北京、天津、河北、山西、内蒙古、辽宁、吉林、黑龙江、山东、河南、陕西、甘肃、青海、宁夏、新疆15个省区市。在建设内容的主要目标方面，《建设方案》明确，国家文化公园要根据文物和文化资源的整体布局、禀赋差异及周边人居环境、自然条件、配套设施等情况，结合国土空间规划，重点建设4类主体功能区：管控保护区、主题展示区、文旅融合区、传统利用区。

第一个主体功能区是管控保护区。管控保护区是对长城及相关文物本体保护而设置，应该是和长城保护规划确定的文物保护单位的保护范围相一致，或是说只能比文物保护单位的保护范围更大而不能小。管控保护区的范围不仅要对长城文物的本体进行保护，还要对长城所在地的周边环境实施严格保护和管控。

第二个主体功能区是主题展示区。包括核心展示园、集中展示带、特色展示点3种形态。核心展示园是参观游览和文化体验的主体区，地理位置和交通条件都要相对便利。各地在安排核心展示园的时候，首先要选择开放的游览景区，因为这些景区的地理位置好，交通也相对便利。核心展示园由国家级文物和文化资源及周边区域组成，在这个基础上再考虑游

墙子路长城（2021年）

览的便利、地理位置的便利以及交通的便利等条件。这一点很重要，因为国家文化公园说到底还具有一种公园的属性。在主题展示区里，核心展示园是核心。有了核心展示园，再安排集中展示带。长城作为线性文化遗产，集中展示带也非常重要，要把长城文化带上相应的省、市、县级文物资源，汇集形成文化载体密集地带，将这条线上与长城相关的文物资源串联起来，形成一条长城历史文化的集中展示带。最后是特色展示点，主要是一些具有特殊文化意义和体验价值，但是布局又较为分散的长城相关文物点。特色展示点或是体量不够大，或是远离核心展示园和集中展示带的区域，但却很有特殊的文化意义，所以可以规划为特色展示点，满足分众化参观游览体验。

第三个主体功能区是文旅融合区。文旅融合区主要是利用长城文物和文化资源的外溢辐射效应，推动长城区域的经济发展。这是长城国家文化公园建设文旅深度融合发展的主体功能区。文旅融合要做出业态，而不是重新粉刷一下农村的墙壁、建设或改造几个厕所，设几个游客服务中心或修建游客停车场。文旅融合不仅要做好这些，还要推动旅游产业的发展，做出文旅项目、文旅产品，发展文旅企业。

第四个主体功能区是传统利用区。城乡居民和企事业单位、社团组织的传统生活生产区域，要通过合理保存传统的文化生态，适度发展文化旅游，发展特色生态产业。在这个区域，要适当控制大规模的生产经营活动，逐步疏导那些不符合国家文化公园建设规划要求的设施和项目。对传统利用区也是首先要保护好这里的特色，同时适度发展文化旅游，发展特色生态产业。

结合已经先期公布的《保护发展规划》，多方人士认为，围绕长城国家文化公园，要以北京长城文化带为核心和纽带，充分考虑各个区域的文化资源、生态环境和基础设施等因素，按照整体性保护、差异化发展的思路，以长城、自然生态环境和道路交通为发展轴线，构建整体发展的带状空间结构。按照北京市政协教科文卫体委员会联合北京国际城市发展研究院编著的《长城踞北：综合卷》中研究的结论，长城国家文化公园的建设也应该覆盖目前北京长城文化带，从西向东着力打造“八达岭—居庸关”“九眼楼—慕田峪”“古北口—司马台”“红石门—将军关”“沿河城—小龙门”五个组团，着力构建网络化、多组团的空间保护与利用格局。在对长城历史文化遗产进行整体性保护的同时，在更大的尺度范围内连接资源，聚集要素，实现错位发展，提升北京长城的文化附加值，更好地服务于全国文化中心建设。

以阐释关沟纵深防御体系的内涵价值为重点，打造“八达岭—居庸关”组团。八达岭长城是明长城最早开放的地段，现已形成了具有一定规模且设施完善的长城开放景区，并与居庸关长城、明十三陵等共同构成了国家级风景名胜区，同时也是国家长城公园的试点区域。该段长城对带动长城周边资源的发展利用具有很大影响，具备良好的保护与利用基础，是北京长城文化带建设中应着力打造的五大组团之一。居庸路组团要以阐释关沟纵深防御体系的内涵价值为重点，深入挖掘明陵文化、长城文化，结合周边山水形胜，打造以世界遗产为主题，以文化体验为主要方式，融历史文化保护、旅游景区开发、科技人文展示为一体的独具特色的文化保护与利用组团。

九眼楼长城（2021年）

以北京长城东西走向和北西走向的交会点为基础，打造“九眼楼—慕田峪”组团。“九眼楼—慕田峪”组团位于怀柔区，处于北京的正北方向且距离北京市中心最近，地理位置的优势十分突出。这个组团内包括慕田峪、箭扣、北京结、九眼楼、黄花城等长城，以及周边的红螺寺古刹、云蒙山风景名胜区等，以高低错落和层峦叠嶂著称，特别是箭扣长城更为曲折惊险。围绕怀柔区提出的“一带一核三轴三节点”旅游发展空间布局，按照大景区的思路，以慕田峪长城景区为核心，根据风景资源的特色和地域分布特点，推动建立青龙峡景区、河防口景区、神堂峪景区、慕田峪景区、北京结景区和磨石口景区等景区。特别是要注重挖掘北京结作为北京长城东西走向和北西走向的枢纽的重要作用与价值，以2022年北京冬奥会筹办为契机，加强至河北宣化的外长城的保护和利用，突出特色、挖掘内涵、彰显精粹，建设国际化的长城旅游风景区，提升国际旅游吸引力。

以保持明长城原真性为重点，打造“古北口—司马台”组团。“古北口—司马台”组团位于北京东北部，经平谷进入密云，向北经墙子路折向

大固城堡（2020年）

东北，在北京市最东北形成了一个犄角，再北转过白岭关，到达司马台、古北口。这一组团是明长城中建筑质量最好、明代长城原貌保留最完整的一段长城，以“险、密、全、巧、奇”著称。特别是古北口镇，是与居庸关并峙的重要关口，也是华北平原通往内蒙古高原的重要节点，地理位置极其重要。目前，依托司马台、古北口形成的古北水镇国际旅游度假区，结合鸳鸯湖水库形成自然山水结合的传统古村落，是把长城文化与传统民俗文化有机结合的一种有益探索。在北京长城文化带建设中，这一组团要更加突出其特殊的地理位置、民俗文化，以司马台风景名胜区、云岫谷自然风景区、雾灵山自然保护区为依托，挖掘长城利用潜力，开发长城体育健身游、长城摄影游等特色旅游项目，讲好长城故事、宣传长城文化，着力打造集长城文化遗产、历史文化、古村落民俗文化及自然山水风光于一体的综合性展示区，提升北京长城在国际国内的影响力。

以京津冀地缘相亲、文脉一体为内核，打造“红石门—将军关”组团。平谷长城段是明代长城进入北京的起点，且地理位置特殊、沿途风景旖旎。其中位于金海湖镇红石门村的红石门长城段，地处平谷和河北兴隆县、天津蓟州区的交界处，是北京唯一一段“一脚踏三省”的长城段。万里长城进入北京最东端的起点——红石门长城1号敌台上立着的“三界碑”，见证了这段“京津冀”长城的特殊属性。将军关是明长城进入北京的第一座重要关口，是明代拱卫京师第一关。该组团内长城多以山石干垒而成，在北京地区较为罕见，砌法较为简单，但却充分利用了天险，是京东地区重要的军事屏障。保护和利用“红石门—将军关”组团，要立足平谷长城受自然损害严重的现状，以红石门至将军关段为起点，打造精品长城修缮项目，打造北方石长城大景区。同时，发挥京津冀三省市交会的地理优势，创新三地协同模式，通过长城采风、创作长城文学作品、搜集长城历史故事、拍摄长城纪录片、组织召开长城座谈会等多种形式，深入挖掘长城文化，打造京津冀长城文化品牌项目。以文化遗产日、庙会、桃花音乐节等大型活动为平台，加大宣传力度，挖掘该组团明长城历史价值和自身独有的特色。

以北京长城文化带与西山永定河文化带联动发展为重点，打造沿河城组团。沿河城是门头沟区明长城城堡保存较好的一个，是明清时期的边塞重镇，也是京西重要关隘之一。门头沟区既在北京长城文化带内，又在西山永定河文化带内，沿河城正是位于永定河大峡谷中，南倚城子坨，北邻永定河，四面环山。应以北京长城文化带与西山永定河文化带联动发展为重点，以雁翅镇和妙峰山镇沿永定河畔的生态为依托，形成从平原到低山再到高山，从植被到环境再到景观，从长城遗址到传统村落再到永定河流域的综合性开发，推动两条文化带集群建设，联动发展。

聚焦国家长城文化公园建设，要加快实施一批重点保护修缮项目。推进北京长城文化带建设，保护是前提。而历史文化遗产的保护首先都是从文物本体开始的。要严格遵守不改变文物原状和最小干预原则，进一步完善长城管护修缮的相关机制，加强对长城资源的调查，精准掌握每一段长城的特点，让长城的一草一木、一砖一瓦都能够保留历史风貌。进一步规范长城保护标志的设立工作，按照国家文物局《长城“四有”工作指导意见》的要求，及时安装长城保护标志、保护界桩和保护说明牌。按照“修旧如旧”的原则，以保护修缮为重点，对濒临损毁的地段进行抢修加固，对重点地段加以修缮，对特殊地段采取架设栈道等保护性设施，妥善保护北京长城的真实性、完整性。

另外，要依托长城国家文化公园，以现有的中国长城博物馆、纪念馆、展示馆为基础，打造一批面向全国研究长城、展示长城、宣传长城的重要基地和对外展示、宣传教育的重要窗口。加快对中国长城博物馆的升级改造，丰富文化内涵，引进生态博物馆理念，室内外结合，不断提高中国长城博物馆的建设等级和水平，将其打造成国际一流的长城展示、学术研究、文化交流中心。规划建设一批长城主题公园、原生态长城自然博物馆、遗址文化公园等，直观系统地展示北京长城的修筑历史、构筑特点、基本走向、遗迹文化传说等。推动建设京西长城博物馆，深入挖掘京西长城文化底蕴，创建内长城文化品牌。建设和改造提升一批爱国主义教育基地，将红色文化、军旅文化和长城文化有机融合，推动厚重的长城文化和长城抗战精神相融合。开展北京长城文化带数字产品开发推广和智慧博物馆建设试点，利用现代技术手段复原长城遗址，让游客可以通过手机、电脑等载体更直观、更方便地体验“活起来”的长城文化。

长城国家文化公园建设，要在有形的实体建设的同时，更加重视无形的文化内涵和软实力的建设。包括依托长城国家文化公园建设，积极培育一批长城文化交流品牌。长城是国际社会认知度最高的中华文化符号。要以北京长城文化带建设为契机，积极参与国际文化遗产保护事务，扩大与相关国际组织的合作，在对外展示交流中展示中国文化自信、展示首都文化魅力。依托北京延庆世界地质公园、中国北京世界园艺博览会、中国平谷世界休闲大会、2022年北京冬奥会等，开展文化交流。

策划和创作一批长城文艺作品。“文艺是时代前进的号角，最能代表一个时代的风貌，最能引领一个时代的风气”。文艺活动是提升北京长城文化带影响力、关注度的重要抓手。在浩如烟海的中国文化典籍中，有关长城的文字记录很多，诗歌、散文（含赋、铭、记、颂等），以及民间传说与小说等文学形式，很早就对长城进行了描绘和反映，绘画、雕塑、音乐、戏剧、舞蹈等艺术形式也都以其特有的方式、方法，塑造和反映了长城。摄影、电影、电视等艺术形式，创作

鸡鸣驿（2021年）

出大量的作品，通过长城反映社会生活、表现理想追求。可以说，在中国的文学艺术史上，对某一建筑物、某一事物的塑造、展示、表现和反映，没有比对长城和长城文化的时间跨度更大、作品数量更多、涉及面更广、情感表达更为强烈的了。在此基础上，北京长城文化带建设要以长城和长城文化为纽带，着力打造一批思想精深、艺术精湛、制作精良的长城文化演艺项目，策划推出以长城为主题的山地实景演出，将北京长城文化带所涉及的六个区的长城景点串联起来，以现代音画的形式表现长城深厚与雄浑的历史。深入挖掘北京长城文化带与长城相关的历史故事、民间传说、诗词歌赋等文化资源，通过举办长城国际文化节、长城摄影比赛和拍摄长城影视作品等主题性展示方式和整体标识系统的规划设计，整体上提升长城的文化价值，向世界宣传推介长城文化。

开展一批具有影响力的文化活动。着力打造以长城保护、长城文化带研究、长城文化传播、长城创意文化产业发展等为主题的中国长城文化论坛，拓展长城文化带交流交往功

山海关老龙头（2017年）

能。争取举办国家级、国际性长城文化展示交流会议活动，加强北京长城文化带与全国各地和世界各国的人文交流，搭建与世界沟通、向一流迈进的桥梁和纽带。依托北京长城沿线生态资源、古村古道资源、古寺古庙资源，举办一系列国际生态活动、古村古道文化遗产庆典、民族宗教文化交流活动等，扩大长城区域的文化影响力。

打造一批精品旅游线路。建设北京长城文化带，要坚持保护与开发利用相结合，更加注重实用性、更加体现生活气息，形成具有长城文化特色的文化服务产品、项目和旅游品牌，延伸衍生文化产业链条，用市场的方式让文物活起来，用起来。积极对接北京市旅游业发展的空间布局和长城文化带四大组团的空间格局，结合长城沿线的自然风貌、文化遗存遗址、基础设施现状，着力打造一批集自然风光、历史文化、民俗风情、实景体验为一体的精品旅游线路。实施精品乡村工程，提升改造精品乡村酒店，发展精品民俗院落，形成以长城文化为引领，以大项目为带动、以小节点为支撑，民俗户广泛参与的乡村旅游格局。开发以长城文化为特色的文创旅游纪念品，建立特色旅游商品的研发、推广和销售体系，提升北京长城旅游品牌影响力和市场竞争力。

总之，长城国家文化公园建设工作的开展，标志着长城保护已经提高到了国家战略层面。2021年7月26日，2021北京长城文化节八达岭长城高峰论坛举行，长城沿线9省市17个地区代表齐聚长城脚下，为建设长城国家文化公园建言献策。[1]据这次会议最新消息，《长城国家文化公园（北京段）建设保护规划》已完成编制，根据文化和旅游部初审意见，北京市研究确定了规划大纲内容以及重点项目，明确长城管控保护区范围及面积，以及5个主题展示区、20片文旅融合区、90处传统利用区。

中国故事，世界典范

长城，是世界语境下最有代表性的一个中国符号。

长城国家文化公园建设，是世界语境下最应该讲好的一段中国故事。

17世纪及18世纪的欧洲人，对中国长城已经有所了解，并逐渐将其解读成为代表中国文明的标志。各类介绍中国长城的文本，在将长城当做建筑奇迹描述的同时，开始赋予长城特定的文化意义，其中既有肯定的观点也有否定的观点。有的认为长城象征着古代中国的伟大，也有的认为长城象征着古代中国的保守。但无论如何，作为世界语境下的中国符号，长城已经被世界各国广泛认可。但在这种认可的基础上，也亟需一个新的载体和平台，让长城文化在更高的层面走向世界。在这方面，长城国家文化公园的建设意义重大。

长城国家文化公园的建设是一场宏大的叙事。必须有与之相应的更广泛的国际化平台来加以承载，例如探索和举办国家文化公园国际峰会和论坛，制定国家文化公园国际标准等。特别是数字技术为长城国家文化公园的建设及长城文物的保护工作开拓了新路径，进一步丰富了文物呈现形式，有助于长城文化在更广阔的平台走向

1　聚焦长城国家文化公园建设——专家齐聚八达岭长城高峰论坛献策 [EB/OL]. (2021-7-27) [2021-12-20]. https://baijiahao.baidu.com/s?id=1706365043255654395&wfr=spider&for=pc.

世界。例如将传统的博物馆、展览馆、游客中心打造成生动的文化体验中心，通过数字化的互动和沉浸式手段等技术的突破创新，提升长城在国际化和全球语境中的影响力等。2021年7月26日开幕的北京长城文化节八达岭长城高峰论坛以“保护传承发展共生——国家文化公园背景下的长城保护与发展”为主题，围绕长城国家文化公园建设、“文化+”背景下长城文化遗产价值的保护与开发、区域协同发展框架下的“长城文化经济带”建构、沿线文旅产业发展等议题展开。论坛由主题论坛、平行论坛、围炉夜话三个主要部分组成。目的是进一步弘扬长城精神，传播长城保护的理念，推动长城国家文化公园建设区域经验的共享，汇聚政产学研多方力量，共同推动全国的长城保护事业和长城文化弘扬更上一个新的台阶。

21世纪的今天，人们已经很难想象一个没有文化遗产的世界会是什么样子。迈向中华民族伟大复兴的中国，更难以想象没有像长城这样的国家文化公园的建设将会是什么样子。长城、大运河、长征等国家文化公园的建设，应该是一项国家工程，它以保护和弘扬全人类共同财富的文化遗产为宗旨，而且这种保护不仅是履行作为一个国家的重要职责，更是作为体现文明大国责任进而延伸开来成为国际社会的共同义务的一个有机部分。

与传统意义上的国家公园相比，国家文化公园强化了“文化”的要素，将文化属性放在极为重要的位置，无论是在地域范围，还是在角色定位上，已不再局限于自然保护与旅游发展，而是将文化资源整体利用和传承作为其中重要的内容加以凸显，以强化中华文化的引领和标志作用。同时，我们也不妨以“文化景观”理论为基本视角，思考北京长城国家文化公园的建设以及持续运行，获得国际名片效应，与区域和谐整体发展实现共赢。那些成为世界文明和文化的中心的地方，总是因为它务实而有力的文化和文明的实践而被人们所关注和认可。因此，我们需要探讨文化景观中人与自然之间的互动性、保护与阐释之间的关联性、文化内核与外部因素之间的动态演进性等主要特征和形成机制，从价值特征、保护阐释、有机进化三方面深入开展理论方法的研究，形成理论支撑。尤其是要站在“两个一百年”的高度，从迈向世界舞台中心的使命出发，建设一个“以人民为中心，以文化为核心的高品质的首都”。正如全国政协委员、北京国际城市发展研究院院长连玉明提出的，要强化首都发展优势，在京津冀协同发展中，建设以首都为核心的世界级城市群，将首都建设成为社会主义先进文化的窗口区、中国传统优秀文化的集中展示区、全国文化和世界文化的传播交流区[1]。要按照《北京城市总体规划（2016年—2035年）》所提出的，确保北京到2050年建设以首都为核心的世界级城市群的战略目标的实现。要充分认识到，文化中心是建设以首都为核心的世界级城市群的战略制高点，更重要的是，文化恰恰是首都最独特的优势，是别的城市无法替代的。为此，要加快制定长城国家文化公园建设“负面清单”，更加强调保护性[2]。建设长城国家文化公园，要把保护好长城历史文化遗产放在首要位置，坚持保护第一、传承优先。要明确禁止性规定和限制性规定，尤其要明确哪些东西不能搞、哪些事情不能做。进一步提升北京长城保护利用的文化价值，更加彰显代表性。要把北京长城文化带作为推进长城国家文化公园建设的重要组成，统筹推进长城保护与文化建设，让世界感知中国文化的独特魅力，让中国文化影响世界，创造可持续的冬奥遗产。

在制度体制建设方面，北京长城国家文化公园建设需要法规制度、体制机制、服务能力等方面的分解和建设。制度体制建设是国家文化公园的重要任务之一，也是顺利推进公园建设，保障文化公园持续运行的基础。在法规制度方面，从现有的《长城保护条例》等10部国家级长城专项保护管理法规文件，以及北京市层面《北京市长城保护管理办法》等长城专项管理文件，都可以看出长城保护一直受到中央及北京市政府的高度重视。但是，围绕长城国家文化公园的快速推进，这些10多年前颁布的各类文件存在着自身体系完整性和相互衔接的问题。北京长城国家文化公园的法规制度建设需要建立在对现有长城保护利用相关法规的评估之上，包括《北京市长城保护管理办法》《北京长城保护区划》等，结合当前国土空间规

1 罗鑫，徐稚迪．全国政协委员连玉明：积极推进长城国家文化公园建设 [EB/OL]. (2021-02-24) [2021-12-20]. https://www.chinanews.com.cn/gn/2021/02-24/9418090.shtml.

2 连玉明．重新审视长城国家文化公园的时代价值 [J]. 中国政协，2020(17): 46-47.

划及国家文化公园建设的目标，切实落实好《北京市长城保护条例》，并细化和补充相关操作层面的规章制度。在体制机制方面，长城国家文化公园北京段需要结合资源禀赋和土地权属等自身特点和中国国情，探索适合的建设模式。在服务能力方面，国家文化公园建设保护时间紧任务重，需要多方协同、高效运转、有序推进。

近年来，为促进人类社会对文化遗产的切实保护，包括国家文化公园等一系列举措的实施，取得了明显的成效和卓越的成果。尤其是国际社会、组织和机构通过了一系列保护文化遗产的重要法律文件。今天，世界文化遗产保护事业也已证明：遗产保护的关键是法制。并且，这些文化遗产保护的宪章、宣言建议，凝聚了世界文化遗产保护理论与实践发展的精髓。诸如关于历史纪念物修复的《雅典宪章》，国际古迹保护与修复的《威尼斯宪章》，以及历时园林与景观保护的《佛罗伦萨宪章》和保护历史城镇与城区的《华盛顿宪章》等。进入新世纪以来，在以往的努力的基础上，更多地通过国家层面所进行的包括国家文化公园等在内的更加实体化的保护被认为是更加有效的实践，尤其是美国国家公园所构成的美国自然保护区体系，被认为是美国最宝贵的历史遗产，它作为美国人的公共财产得到管理，并为让后代享用而得到保护维修。美国利用国家公园保护国家的自然、文化和历史遗产，并让全世界通过这个视窗了解美国的壮丽风貌、自然和历史财富以及国家的荣辱。国家公园管理局负责对建立新公园的提案进行细致的筛选，以保证只有那些最杰出的资源才能被纳入到美国国家公园体系中来。目前，在世界很多国家，人们正致力于保护自然资源，保护历史遗迹，找到了把保护资源与吸引游客结合起来的途径。我国国家公园体制的建立虽然起步较晚，但建设的起点很高，而且更具有普遍和公认的价值。从2013年党的十八届三中全会首次提出建立国家公园体制，到2015年展开的10个国家公园体制试点工作，逐步探索了我国国家公园的体制建设；2017年的《“十三五”规划纲要》中，国家公园衍生出了国家文化公园的概念；2019年，《长城、大运河、长征国家文化公园建设方案》审议通过，确定了长城、大运河、长征三大国家文化公园的建设；2020年，《“十四五”规划建议》中增加了黄河，

独石口长城（2017年）

最终形成了“四大”国家文化公园的全面布局。

文化遗产是民族精神文化和国家文明形象的骄傲，它凝聚了数千年人类辛勤的劳动和无穷的智能，沉淀了人类文明中世代相传的宝贵精神资源和物质财富，并作为一种精神动力支撑着人类不断构筑未来美好家园的信心和理念[1]。在这个基础上深刻认识我们所要建设的国家文化公园，它将是超越时代的自然与文化的结晶；它将是植根大地的具有生命的文化遗产；它也将是体现人类文化精髓与自然造物神奇相互融合的光辉典范。

1　张松 . 城市文化遗产保护国际宪章与国内法规选编 [M]. 上海 : 同济大学出版社 , 2007.

箭扣长城（2017年）

第五编

長城

冰雪之美

北京的長城

国际奥委会曾强调：『奥林匹克所推崇的绝不是一种标准的现代化或文化的单一化，更非欧洲化或西方化，未来的奥林匹克运动是多元文化的又是跨文化的。』奥林匹克运动会不仅仅是体育盛会，更是世界各民族文化展示、交流、融合的舞台。2022年2月4日，第24届冬奥会将在北京和张家口举行。京张两地『地缘相接、人缘相亲、地域一体、文化一脉』，在地理上属于华北平原向蒙古高原过渡地区，群山起伏，孔道众多，古道遍布，是中国长城资源分布集中、代表性强且保存较好的区域。北京2022年冬奥会、冬残奥会的部分场馆就修建在长城沿线。当见证沧桑巨变的长城与现代奥林匹克运动会相遇，将激荡起一场跨越时空的文化盛宴，彰显出北京2022年冬奥会和冬残奥会独有的文化魅力。

第一章

双奥之城的梦想

北京是目前世界上唯一一个既举办过夏季奥运会，又将举办冬季奥运会的“双奥之城”。从1980年中国第一次参加冬奥会，中国体育开启了一段冰雪奇缘。2008年夏季奥运会到2022年冬季奥运会，不仅加强了中国与奥林匹克运动会的联系，也开启了北京这座文化古都、这座国际化大都市在世界舞台上的展示序幕。“以奥林匹克宣言为载体，奥林匹克文化传播的中心与起点是北京。”[1]新时代的北京，将见证中国百年奥运梦想，体育强国梦想一步步走向现实的艰辛与荣耀。

中国的奥运情结

1908年，《天津青年》向国人介绍世界奥林匹克运动会盛况时，一口气提出了著名的“奥运三问”：中

1　方莉 . 与世界共享奥林匹克文化之美——《文明》杂志创新传播奥林匹克文化理念的故事 [J]. 资本市场 , 2014(12): 1-4.

国什么时候能派出运动员去参加奥运会？中国什么时候能拿到奥运会第一块金牌？中国什么时候能举办奥运会？此后，一代一代的中国人民开启了逐梦奥运之旅。从1896年清政府接到国际奥委会发出的邀请书而不知为何物，到1932年著名男子短跑运动员刘长春代表中国首次参加了第10届洛杉矶奥运会；从毫无斩获到1984年实现了中国在奥运会历史上金牌零的突破；从恢复国际奥委会资格到获得2008年北京奥运会的主办权；从夏奥会到冬奥会——漫漫奥运之路，不仅再现了近代百年来的世界变化、见证了伟大中国的体育事业的由弱变强的过程，也见证了中华民族的伟大中国的沧桑巨变、由发展到振兴。

“什么叫作奥运会”？ 1896年10月17日，享誉中外的《字林西报》发表了一篇名为《中国实情》的文章，文章中有一句“夫中国——东方病夫也”，这句话虽然指的是改革乏力的清政府，而非中国人的体质，但是“东亚病夫”的说法，却在事实上传达出了另外一层意思，深深冲击了全体国人的自尊。同样是在1896年，第一届奥运会在现代奥林匹克运动之父的顾拜旦的筹划之下，在雅典成功召开。虽然这一届奥运会的参赛人数较少，但是影响是巨大的。在赛会开始之前，奥运会组织者向全球各个国家发出了参赛邀请，其中就包括当时刚刚在甲午战争中战败的清政府。然而清政府从上到下，完全不知道什么叫做“奥运会”，因而也只有派出观察员参会了事。1932年，中华民国政府正式派出刘长春参加在美国洛杉矶举行的第10届奥运会。刘长春成为中国第一位参加奥运会的选手。刘长春自上海搭乘邮轮，出发前往美国洛杉矶，展开中国奥运首航。经过3个星期海上漂浮抵达洛杉矶，体力早已大受影响，在100米、200米预赛中位于小组第五、六名，未能取得决赛权，但他以中国第一位参加奥运会的选手而留名于中国奥运史。他为中国人敲开了奥运大门，跨出了中华民族在世界奥运史上的第一步，也向世人表达了中华民族不甘落后、不甘受辱、不懈奋斗、追赶世界的坚强意志。

中国的奥运“红娘”。萨马兰奇是国际奥林匹克运动的传奇人物，曾担任国际奥林匹克委员会主席长达21年，任期内不仅成功推动奥运会的商业化，而且让国际奥委会摆脱了财政危机，奥运会也成为了全世界最有影

大境门（2017年）

响力的体育盛事。中华人民共和国成立后，国际奥委会内部一些保守势力持敌视态度，并奉行“两个中国”政策。尽管1971年中国在联合国的合法席位已经恢复，但在国际奥委会中的合法席位仍然没有得到恢复。1978年4月21日，萨马兰奇以西班牙驻莫斯科大使和国际奥委会第一副主席特使的身份首次访问中国；1979年4月，在国际奥委会第8次全会上，萨马兰奇介绍了他的所见所闻，萨马兰奇说：“如果占世界人口23% 的中国被排斥在外，奥运会还是真正意义上的奥运会吗？”在1979年10月25日，国际奥委会执委会以通讯表决方式通过了史称“奥运模式”的《名古屋决议》，即决定中华人民共和国奥林匹克委员会的名称为“中国奥林匹克委员会”，使用中华人民共和国的国旗和国歌；设在台北的奥委会不得使用它目前使用的歌、旗、徽。1979年11月26日，国际奥林匹克委员会在洛桑宣布批准了执委会的决议。至此，经过多年斗争，中华人民共和国在国际奥委会的合法权利问题终于得到了解决。此后，中国体育界开始积极支持奥林匹克的普及与推动工作，遵照奥林匹克运动的广泛性原则，使占世界人口五分之一的中国人能够分享举办奥运会的荣誉和欢乐。1982年，已经成为国际奥委会主席的萨翁第二次访问中国，与邓小平见面并就未来在中

黄花城长城（2019年）

国举办奥运会的话题进行了讨论。而就在之前一年，何振梁也在萨马兰奇的帮助下当选为国际奥林匹克委员会委员，使得中国人在国际体育组织中占据一席之地，同时也让萨翁可以更近距离地了解中国。1989年，萨马兰奇再次造访中国并与高层接触，实质性地商谈了把奥运会交给中国主办的可能性，可以说那是北京奥运梦想的起点。萨马兰奇当时表态："从把中国请回国际奥林匹克大家庭，到亲眼看到中国举办一届伟大的奥运会，更重要的是，看到奥运会真正起到了帮助中国走向世界、并将在未来世界扮演至关重要角色的作用，我觉得中国是我在奥林匹克运动生涯中的最大成就。"[1]2001年7月13日，萨马兰奇用浑厚的声音宣布北京为2008年奥运会举办城市！"在揭晓之前我猜想，北京应该就是胜利者。我想，中国人非常高兴，我们也因此而高兴。那个晚上，对于国际奥委会，对于（中国）政府，

1　再见萨翁 [N]. 辽沈晚报 , 2010-4-22(A16).

对于我自己来说都是重要的”[1]。

1984年，中国实现了奥运史上“零”的突破。在美国洛杉矶举办的第23届奥运会上，中国派出由353人组成的大型体育代表团参加了这届奥运会。在洛杉矶奥运会开幕后的第一天，中国射击选手许海峰力挫世界名将、瑞典选手斯卡纳克尔，以566环的成绩摘走金牌，从而打破了中国运动员在奥运会金牌榜上“零”的纪录。1984年正值中国改革开放不久，百废待兴，许海峰夺得奥运首金，取得“零的突破”，极大地增强了中国人民的民族自信，预示着中国体育大步走上世界的竞技舞台。截至目前，中国队在夏季奥运会上共获得365金、194银、172铜、共631块奖牌；在冬奥会上总共获得13金、28银、21铜，共62块奖牌。

从亚运会到奥运会。1990年的亚运会，让北京开始了“奥运之旅”的热身。第十一届亚运会是我国首次承办的综合性国际体育赛事。一首广为传唱的《亚洲雄风》成为那个时代的最强音，成为人们心中最美好的记忆。为了修建亚运会比赛场馆，在京城北部的中轴线旁一块几百亩的土地上，国家奥林匹克体育中心开始动工。这是北京在20世纪50年代“十大建筑”后，又一次大规模的建设。亚运会是改革开放后中国首次向世界展示民族文化、精神气质和大国形象，是北京走向国际化的重要历史性节点。亚运会的成功举办给北京增添了信心，积累了举办国际重大赛事的丰富经验，完善了体育场馆、市政交通的基础设施建设，为成功申办和举办2008年北京夏季奥运会奠定了基础。经历了1993年首次申奥惜败之后，2001年7月13日晚，申奥成功的喜讯传来，举国欢腾。当晚，北京成千上万的人们走上街头，挥动着国旗，载歌载舞，彻夜狂欢，表达了中国人对北京申奥成功的祝福和喜悦。奥运申办成功之后，北京进入了一个以奥运为主题的加速发展期。2003年底，北京奥运会主场馆在洼里乡破土动工。其主体育场的外形逐渐显露，如同一个由树枝编织成的鸟巢，已有百余年的膜结构理论在国家游泳中心“水立方”也得以实现。中国人用自己的智慧，为世界作出创新性的贡献，也为百余年的奥林匹克运动增添新的亮点。

---

1 再见萨翁 [N]. 辽沈晚报 , 2010-4-22(A16).

北京的奥运记忆

北京2008年奥运会，一场世界的空前盛宴，一个国家和民族的百年梦想。“这是一届真正的无与伦比的奥运会！”国际奥委会主席在北京奥运闭幕式上致辞时如此评价本届奥运。奥运的申办、筹办、举办，实现了“有特色、高水平”和“两个奥运，同样精彩”的目标，达到了让国际社会满意、让各国运动员满意、让人民群众满意的要求，全面兑现了向国际社会作出的郑重承诺。

2005年6月26日，第29届奥林匹克运动会组织委员会在北京工人体育馆向全球发布北京奥运会的主题口号“同一个世界，同一个梦想（One world, one dream）”。“同一个世界，同一个梦想”集中体现了奥林匹克精神的实质和普遍价值观——团结、友谊、进步、和谐、参与和梦想。同时，也深刻反映了北京奥运会的核心理念，表达了中国人民与世界各国人民共有美好家园，同享文明成果，携手共创未来的崇高理想；表达了一个拥有五千年文明，正在大步走向现代化的伟大民族致力于和平发展，社会和谐，人民幸福的坚定信念；表达了中国人民为建立一个和平而更美好的世界做出贡献的心声。

2008年北京奥运会周期，北京提出“绿色奥运、科技奥运、人文奥运”的理念，这既是对奥林匹克精神的继承，也是对奥林匹克精神的丰富和发展，同时也是对中国城市在可持续发展模式方面重要的探索和实践。2002年，北京发布了《北京奥运行动规划》，首次提出建设生态城市的目标。同年，北京全面实施《“绿色奥运——2008”生态环境建设行动计划》。仅2002年北京共完成造林4万公顷，植树5800多万株。到2007年底，北京市林木绿化率达到了51.6%，山区林木绿化率达到了70.49%，城市绿化隔离地区建成了1.26万公顷林木绿地，三道绿色生态屏障基本建成，城市中心区绿化覆盖率达到43%，全市范围内自然保护区的面积已经达到了全市土地面积的8.18%，[1]北京申奥承诺的绿化美化指标全部兑现，而且超过承

1　至07年北京市绿化率达51.6% 山区绿化率达70.49% [EB/OL]. (2008-07-10) [2021-12-20]. https://www.news.cctv.com/china/20080710/105653.shtml.

诺标准。为落实科技奥运的办奥理念，科技部与北京市联合相关部门共同组织实施了“奥运科技（2008）行动计划”，一大批先进技术在奥运场馆建设、运行管理等方面得到运用，使得2008年北京奥运会成为展示中国高新技术和创新实力的窗口和舞台。人文奥运是北京奥运会的核心理念，既凸显了奥林匹克精神的人文特质，又彰显了中华民族历史文化的魅力和价值。2005年2月，北京市委、市政府、首都文明委、北京奥组委在2002年制定的《人文奥运行动计划》基础上，研究制定了《人文奥运行动计划实施意见》，提出实施人文奥运的四大工程：市民素质提升工程、文化建设推进工程、城市景观营造工程和社会动员志愿培训工程。践行“人文奥运”理念，使北京的软实力得到了进一步的提升，扩大了北京在世界的影响力，提高了北京的综合竞争力。[1]

提到2008年北京奥运会，就不得不讲到朝阳区。作为该次奥运会的主场馆所在地，一个与奥运结缘的现代化国际化的城区，朝阳，永远镌刻着深深的奥运记忆。朝阳区位于北京东北部地区，1958年5月3日经国务院批准东郊区正式更名为朝阳区，是北京区域面积、人口最多的城区，曾经是首都北京重要的“菜篮子”“米袋子”。20世纪50年代后，伴随北京城市规划的调整，纺织、电子、化工、机械制造、汽车五大工业区先后落户朝阳，朝阳区成为北京重要的工业基地，特别是朝阳区电子工业、轻纺工业的发展，使北京成为全国电子工业重要生产基地和五大棉纺织工业基地之一。与此同时，随着中国外交事业的发展，1955年在建国门外齐家园兴建建外使馆区（第一使馆区），20世纪60年代在东直门三里屯附近兴建第二使馆区，1990年前后在亮马河附近建设第三使馆区，朝阳区云集了除俄罗斯之外的全部驻华使馆，成为外国驻华使馆最多的地区，朝阳区成为中国的“第二国境线”。位于长安街、建国门、国贸和燕莎使馆区的中心交汇区的北京商务中心区，是首都现代化和国际化大都市风貌的集中展现区，是朝阳连接世界的重要窗口。现代化、国际化的区域特征让朝阳区成为亚运会、北京奥运会的主场馆所在

1　北京奥林匹克公园管理委员会 . 奥运模式 [M]. 北京：中国时代经济出版社 , 2009.

地，两大国际赛事的筹办也加速了朝阳经济社会各方面的快速发展。北京奥运会期间，朝阳区聚集了13个奥运竞赛场馆、12个奥运非竞赛场馆、5个独立训练馆场馆、2个奥运开放型赛事、42家签约宾馆、29条途经路线和3家定点医院，承担了20%的训练场馆改造、42%的场馆新建、56%的道路和100%的市政桥梁建设任务以及奥运环境的治理工作[1]。为服务保障好2008年北京奥运会，朝阳区构建了“条专块统”的管理格局和“三个一线”的指挥体系，建立了完善、开放、灵活、有效的无缝衔接体系，形成最广泛、最有效的社会动员机制和公众参与机制，为北京奥运会的筹办、运行作出了朝阳贡献，奥运的印记、奥运的荣耀也深深地刻在了朝阳这个区域的历史中。

在筹备夏季奥运会的7年间，北京市总投资100亿元，2008年北京奥运会成功举办16天，赢得了世人的称赞。从改革开放初期重回奥运怀抱到申办奥运会，从申奥成功再到奥运会的成功举办，北京已经成为奥林匹克运动的贡献者，北京城市在奥运的道路上快速发展，在世界上牢牢地树立了大国首都的形象。奥运会结束后，奥林匹克公园迅速成为一个新的经济圈，打破了此前“奥运会结束后奥运场馆周边落荒”的魔咒，也促进了北京的经济发展，为此后的奥运会举办城市提供了“北京经验”。

2008年北京奥运会，见证了当代中国发展进步的辉煌历程，记录了一个古老民族融入浩荡世界潮流的坚实足迹。通过此次奥运会，中国向世界传递中国传统文化和现代精神，向世界展示中国开放、透明、负责的形象。某种意义上说，2008年北京奥运会，是中国改革开放30年发展史上的一个新界标，是中国与国际接轨，融入国际社会的新起点。

从夏奥走向冬奥

从1908年的“奥运三问”，到2008年“一场无与伦比的奥运会”，中国整整走过了100年。百年奥运，国人梦想终成真。2015年7月31日，国际奥委会正式确定北京获得2022年冬奥会的举办权。从1979年回归奥林

1　北京奥林匹克公园管理委员会 . 奥运模式 [M]. 北京 : 中国时代经济出版社 , 2009.

黄花城水长城（2016年）

匹克大家庭，到今天成为世界上第一座举办过夏季奥运会、又将举办冬季奥运会的“双奥之城”。“双奥之城”，成为北京这个城市独有的名片，也正在见证这个城市新的荣耀，谱写新时代中华民族的复兴之路。

冬奥会是世界上规模最大的冬季综合性运动会，自1924年法国夏蒙尼举办第一届冬奥会到2018年韩国平昌冬奥会，到目前为止冬奥会一共举办了23届。纵观近130年奥运历史，能够冬、夏两季奥运会兼办的国家只有法国、美国、德国、意大利、日本、加拿大，而中国的北京将成为第一个举办过夏季奥林匹克运动会和冬季奥林匹克运动会以及亚洲运动会三项国际赛事的城市，也是继1952年挪威的奥斯陆举办后时隔70年第二个举办冬奥会的首都城市。冬奥会运动项目分为冰上和雪上两大类，这决定了冬奥会对举办城市气候环境、地形条件有着近乎苛刻的要求。比如，核心气象指标包括2月份平均气温低于0℃，2月份降雪量大于30厘米。地形条件一般都要在山地举行等。而除自然环境的要求之外，举办冬奥会对一个国家或一座城市的经济实力、基础建设及交通有着很高的要求。北京2022年冬奥会和冬残奥会包括北京赛区、延庆赛区及张家口赛区三大赛区，是北京这座城市、中国这个文明古国综合实力的又一次见证。

北京赛区是北京冬奥会冰上项目核心区，承担着北京冬奥会和冬残奥会全部冰上项目比赛。北京赛区共有6大竞赛场馆，将进行4个大项（冰壶、冰球、滑冰、滑雪）、37个小项的比赛。国家游泳中心又称水立方，原为北京2008年夏季奥运会的主游泳馆，从“水立方”华丽变身为“冰立方”，不仅实现了在保有水上功能的基础上新增冰上功能，还实现了转换材料的重复利用，有效降低后期改造成本。首都体育馆于1968年建成，是北京规模最大、功能最多、适用范围最广的体育馆，拥有我国第一座自主设计建设的人工室内冰场，见证了众多中国体育的大事记。该馆作为北京2022年冬奥会冰上项目场馆，将承担短道速滑和花样滑冰比赛任务。五棵松体育中心，因外观设计采用独特的多彩外幕墙体系，在夜晚可呈现各色雪花漫天落下的视觉效果，因而得名“冰菱花”，将作为2022年冬奥会的冰球比赛场馆。在5G技术、自由视角等科技加持下，该馆具有智能测温、云传播、远程采访等功能，充分满足赛时需求和疫情防控。国家体育馆建筑结构以“中国折扇”造型为设计元素，与原结构屋面无缝衔接，馆内冰面既可以满足赛时需要，也可以转换为花滑、短道速滑等项目，同时还具备冰场和夏季项目场地双向转换的能力。首钢滑雪大跳台由赛道、裁判塔和看台区域三部分组成，将在北京冬奥会期间用于自由式滑雪和单板滑雪大跳台。首钢滑雪大跳台是冬奥历史上第一座与工业遗产结合的比赛场馆，造型设计的灵感来自滑雪动作时所需跳台剖面形态曲线与敦煌“飞天”形象的契合，从侧面看上去像一只灵动的“水晶鞋”。国家速滑馆位于奥林匹克森林公园网球中心南侧，是本届赛事中唯一新建的冰上竞赛场馆，以“冰”和“速度”为设计理念，其外形由22条晶莹美丽的“丝带”状曲面玻璃幕墙环绕，又被称为“冰丝带”。采用全冰面设计，面积达到1.4万平方米，创亚洲之最。

延庆赛区位于北京市西北部，距北京市区74千米。北京2022年冬奥会和冬残奥会延庆赛区有两个竞赛场馆，分别是国家高山滑雪中心和国家雪车雪橇中心，将进行3个大项（高山滑雪、雪车、雪橇）、21个小项的比赛。延庆赛区是北京冬奥会3个赛区当中建设难度最大的一个赛区。国家高山滑雪中心场馆依托海坨山天然山形规划建设7条高山滑雪雪道，全长达到21千米，约900米落差，3000多米坡面长度，将承办高山速降、回转、大回转、超级大回转和全能等项目的比赛。雪车雪橇项目是冬奥会中速度最快的项目，时速超过130千米，专业性强，极具观赏性，雪车雪橇中心将举办冬奥会有“雪上 F1”之称的雪车、钢架雪车及雪橇项目的比赛，国家雪车雪橇中心赛道全长1.9千米，垂直落差127米，设置16个弯道，赛道地形条件复杂。

北京冬奥会共将举行109个小项的比赛，其中张家口赛区将承办51个小项的比赛，约占全部比赛项目的47%。张家口赛区共有10个场馆，其中4个竞赛场馆分别为云顶滑雪公园、国家跳台滑雪中心、国家越野滑雪中心、国家冬季两项中心。云顶滑雪公园作为北京冬奥会自由式滑雪和单板滑雪主要竞赛场馆，建有 U 形场地、坡面障碍技巧、平行大回转、障碍追逐、空中技巧和雪上技巧六条赛道。国家跳台滑雪中心是我国首座符

寨子清长城（2017年）

合国际标准的跳台滑雪场地，也是张家口赛区冬奥会场馆群建设中工程量最大、技术难度最高的竞赛场馆。跳台剖面因与中国传统吉祥饰物“如意”的S形曲线契合，因此被形象地称为“雪如意”。国家越野滑雪中心位于张家口崇礼区太子城东南侧山谷，赛道依山势而建，总长9.7千米，分别为东侧山谷的竞赛赛道和南侧山谷的训练赛道。赛后，国家越野滑雪中心计划打造成“山地公园”及“户外冰上娱乐中心”，发掘其文化娱乐的作用。国家冬季两项中心位于河北省张家口市崇礼区太子城区域东北侧山谷，依次布置靶场、赛道与起终点区、场馆技术楼等。国家冬季两项中心将承担北京冬奥会冬季两项以及冬残奥会冬季两项的比赛。

冬奥梦承载冰雪梦，交汇中国梦

2022年恰是实现中华民族伟大复兴第一个百年奋斗目标的时间节点。以筹办2022年冬奥会为契机，一条通向体育强国的道路正在缓缓铺开。从党的十九大明确提出“广泛开展全民健身活动，加快推进体育强国建设”的目标，到2019年9月出台的《体育强国建设纲要》对体育强国的战略任务进行系统性安排，再到“十四五”规划和2035年远景目标纲要明确提出到2035年“建成体育强国”目标，建设体育强国，已经成为中国国家整体发展的重要组成部分，也是中国人民实现“两个一百年”奋斗目标，实现人民健康幸福生活的重要组成内容。中国梦是近代以来一代又一代中国人的美好夙愿，体现了中华民族和中国人民的整体利益，表达了每一个中华儿女的共同愿景。不断实现人民对美好生活的向往，是实现伟大复兴中国梦的重中之重。党的十九大提出“幼有所育、学有所教、劳有所得、病有所医、老有所养、住有所居、弱有所扶”的目标，北京市进一步提出要不断提高人民生活的“便利性、宜居性、多样性、公正性、安全性”水平。无论是“七有”还是“五性”，都是围绕解决人民在生存和发展面临的问题，是以实现人的全面发展为目标的具体行动。

茫茫九派流中国，纵横当有凌云笔。中国梦，更是发展梦，是着眼于实现更平衡更充分发展的高质量发展梦。目的就是要解决区域不平衡发展、地区发展差距大的矛盾，着力提高发展的协调性和平衡性。京津冀协同发展战略是中国区域协调发展的重大战略，北京和张家口共同举办2022年冬奥会是京津冀协同发展的成果，也是一次生动实践和有力助推器，成为京津冀协同发展大棋局中点睛之笔。2019年2月，总书记在北京考察冬奥会筹办工作时指出，举办冬奥会是推进京津冀协同发展的重要抓手，必须一体谋划、一体实施，实现北京同河北比翼齐飞。筹备冬奥以来，京张两地按照环境正影响、区域新发展、生活更美好三个目标，将冬奥会筹办和本地发展紧密相连、融为一体。京张高铁上构建起北京和张家口之间的“一小时生活圈”，张家口的清洁能源帮助北京冬奥会在奥运史上首次实现场馆绿色电力全覆盖“用张北的风点亮北京的灯”，京张两地天更蓝、山更绿、水更清。从低碳场馆到生态修复，从环境保护到服务民生，北京河北两地在一张蓝图上统筹布局、协同发力，跑出了协同发展的加速度，绘出一幅美丽中国的冬奥画卷。

正如北京冬奥倒计时100天前夕，北京冬奥组委策划推出的“双奥之城，城市之光”冬奥会主办城市系列宣传短视频中所讲述的那样，北京已准备好迎接各国健儿共享冬奥盛会，北京将向世界展示丰厚的文化底蕴下，自然、都市、人文的和谐交融以及现代、开放、时尚的魅力。

第二章 长城脚下的期待

第24届冬奥会在北京和张家口举办。冰上项目比赛在北京城区内的场馆举行，雪上项目分延庆、张家口两个赛区。延庆在北京西北部，是八达岭长城的“故乡”，世界从这里认识长城。张家口承办雪上项目的崇礼区境内，有七个朝代的长城纵横相交。长城元素使得2022冬奥会格外不同，是名副其实的长城脚下的冬奥会。

开启冬奥北京时间

2018年2月25日，平昌冬奥落幕，“北京周期”开启。当国际奥委会主席巴赫将奥运会会旗交到北京市市长、北京2022年冬奥会和冬残奥会组织委员会执行主席陈吉宁手中，标志着冬奥会正式进入“北京周期”。2月28日，在延庆赛区八达岭长城举办了平昌冬奥会闭幕后奥林匹克会旗抵达北京后的首场活动。北京冬奥组委秘书长韩子荣将奥林匹克会旗交至延庆青少年手中，并共同展示会旗向世界发出了“欢迎世界各国朋友2022年汇聚到长城脚下吃饺子、看冬奥、过大年”的邀请。

2019年9月4日，北京2022年冬奥会进入1000天倒计时，这标志着冬奥筹办工作迈入一个新阶段。在当天的活动上，冬奥会倒计时装置被点亮了，倒计时装置搭设奥林匹克公园玲珑塔塔身南侧4至7层，通过屏幕显示倒计时画面，画面从上至下为：北京冬奥会会徽、冬奥会倒计时文字、倒计时数字。玲珑塔自身结构犹如多个沙漏，与倒计时理念契合。搭设冬奥倒计时装置的玲珑塔，与“鸟巢”“水立方”等冬奥场馆相互呼应，形成鲜明的冬奥主题景观。活动期间，北京发布了《北京2022年冬奥会和冬残奥会志愿服务行动计划》。北京冬奥会和冬残奥会共设立前期志愿者、测试赛志愿者、赛会志愿者、城市志愿者、志愿服务遗产转化5个志愿服务项目，号召全球志愿者积极参与和投身北京冬奥志愿服务。

到2021年2月4日，距离北京2022年冬奥会开幕还有一周年的时候，北京冬奥会和冬残奥会所有竞赛场馆都已完工交付，首批工作人员全部到位，各项筹备工作进入收官阶段，志愿者报名人数已经超过100万。在北京2022年冬奥会开幕倒计时一周年活动上，发布了北京2022年冬奥会、冬残奥会火炬外观设计。北京市委书记、北京冬奥组委主席蔡奇表示，中国政府始终将北京冬奥会作为一项国家大事来筹备推进，目前，总体计划顺利实施，筹办工作正在按计划稳步有序向前推进。新冠肺炎疫情给世界人民生产生活和奥林匹克运动发展带来巨大影响，但这阻挡不了我们如期办赛的坚定步伐。我们将与国际奥委会、世界卫生组织等方面密切合作，按照“简约、安全、精彩”的办赛要求，共同研究制定冬奥会疫情防控政策与运行方案，严格落实防控措施，确保如期顺利安全办赛。

在冬奥会和冬残奥会举办前组织一系列测试赛，是国际奥委会和国际残奥委会的要求和惯例。按照原计划，北京冬奥会的各场馆于2020年底竣工，北京冬奥会国际测试赛于2020年12月至2021年第一季度进行。考虑到新冠肺炎疫情及其带来的旅行限制，北京冬奥组委会加强与国际奥委会、国际残奥委会、国际冬季单项体育联合会的密切沟通，及时调整优化了测试赛的各项工作计划。2021年上半年，按照“应测尽测、能测尽测”的原则开展了“相约北京”雪上项目和冰上项目测试活动，邀请部分国内

黄花城长城（2018年）

运动员和国内技术官员参与配合测试工作。从2021年10月5日至12月31日，北京冬奥会筹办进入冲刺，迎来倒计时100天。大考之前先热身，一系列测试赛紧锣密鼓地举行。北京冬奥会在北京、延庆、张家口三个赛区8个竞赛场馆举行国际测试赛，进行包括10项国际赛事、3项国际训练周、2项国内测试活动在内的总计15项测试活动。这次测试赛是北京冬奥会前的最后一次全面实战检验，对于积累赛时防疫与运行经验，如期安全顺利办赛具有重要意义。相比上半年的测试活动，本次测试赛有许多是国际冬季单项体育组织的赛历赛事，还有部分冬奥会资格赛、积分赛将采用冬奥会赛时的计时记分系统，办赛要求更细、标准更高。测试赛期间，来自日、韩、北美及欧洲国家和地区的2000多名运动员参赛。做好疫情防控工作是举办本次测试赛的重中之重，为此，测试赛期间，按照赛时防疫标准，坚持人、物、环境同防，坚持细节为王，配足防疫力量，加强环境检测和消杀，抓实抓细各项防疫措施。各赛区组委会和场馆团队按“一场一策”“一馆一策”要求，不断细化功能分区、防疫分区、人员流线等，强化闭环管理，筑牢“外防输入”的屏障，确保冬奥防疫与城市防疫无缝对接、一体推进，确保如期安全顺利办奥。通过国际测试赛，北京冬奥组委进一步摸索疫情防控规律，评估防疫措施效果，结合全球及我国疫情形势变化，不断查漏补缺，优化北京冬奥会、冬残奥会疫情防控方案，全力保障赛事安全和境内外冬奥会参与者的健康。

长城与冬奥的约会

延庆位于北京市西北部，延庆北连朔漠，南扼居庸，地处京师畿辅要地，西控京师北大门，是北京通往西北地区的最重要的交通要道，自古为兵家必争之地，也是多民族聚居融合之地。区域内炎黄阪泉之战遗址、全国唯一的山戎文化陈列馆、“千古之谜”古崖居、历代修筑的长城均是延庆多民族聚居融合的见证。山戎文化陈列馆是国内第一座以古代少数民族文化命名的陈列馆，于1990年6月1日正式对外开放。馆内展示的是北京地区春秋、战国时期的山戎文化遗存。此处出土的陶器、青铜器等文物，无论是制作技艺还是器物形状，都明显地表现出山戎文化的土著特色以及燕国等中原文化的元素，可以让人们清楚地触摸到两种文化发生的碰撞、交融。

延庆境内山脉为燕山山系军都山山脉的一部分，境内有千米以上的高峰80多座，海坨山主峰海拔2241米，是北京市第二高峰。北京冬奥会延庆赛区场馆位于燕山山脉军都山以南的小海坨南麓，风景秀丽、山高林密、地形复杂。延庆的山川形胜，符合古人“因地制宜、因险制塞、因地取材”的修建长城的基本原则。特殊的地理位置和地形条件，决定了延庆长城成为北京长城中最经典的段落。[1]

延庆长城主要呈现出以下五个特点：一是长城实有墙体在北京市境内的长城中长度最长。北京市现存明长城526千米，其中延庆区境内现存明长城墙体就达179.1千米，占北京境内长城总长度的34%。二是长城建筑的形制丰富、防御体系完整。延庆区境内长城包括砖石长城、夯土长城、石砌长城等类型，由内长城、宣府东路边垣、南山路边垣、城堡、联墩、

1　北京市政协教文卫体委员会，北京国际城市发展研究院，等. 长城踞北：综合卷 [M]. 北京：北京出版社，2018.

寨坡等构成了一个完整的纵深防御体系。三是长城战略地位极其重要。延庆地处明代九边十一镇中的蓟州镇、昌平镇、宣府镇交会处，长城层层设防，是守卫京师和十三陵的重要军事屏障。延庆修筑长城的区域，基本是在军都山系的雄关险隘之上，或削山设险，或建城筑墙，向上抢占雄关险隘之制高点，向下扼守峡口关山之咽喉。偶有穿越平川的长城，也是为了使长城防线联结为一体，并与川区各城堡形成呼应之势，以使长城防御体系更加坚固完备。其中，九眼楼自然风景区位于四海镇东南9千米的火焰山主峰之上，为万里长城之上建筑规模最大、规格最高的敌楼。四是长城沿线文化内涵十分丰富。延庆域内长城穿越9个乡镇130多个建制村。延庆全区共376个建制村，有116个村名字带“营”“屯”“堡”，明代长城防御体系的轮廓清晰可见。[1]比如，双营古城，修建于明嘉靖时期，是华北地区现存唯一较为完好的原生风貌土城墙结构的古城，也是现存较完整的明代土城。作为民族融合之地，延庆的民俗文化多与长城文化相关，比如沿线有驿站文化、马文化、冶铁文化等。以驿站文化为例，作为蒙古高原通往华北平原的必经之地，延庆曾是辽、金、元三朝“两都制”巡查途中的枢纽，遗有三朝驿路。当时往来元上都和大都之间的驿路有四条，除一条走密云古北口之外，其余三条都要经过延庆地区。特别是皇帝专用的“辇路”，从大都出发，经关口，过居庸关，上八达岭后，继续北上，经延庆区南部及东北部的旧县镇，从黑峪口上山，进入草原，在牛群头与驿路汇合后，直达上都。辽国的萧太后曾多次驻跸延庆，留有许多遗迹，如应梦寺、养鹅池、羊坊等。五是延庆长城是国际交往的重要窗口。延庆境内的八达岭长城是中华人民共和国成立后最早进行修缮和对外开放的长城段落。八达岭长城位于延庆区军都山关沟古道北口，为关沟北段最高处。这里两峰夹峙，一道中开，居高临下，形势极为险要。至今八达岭长城累计接待中外游客逾2亿人次，年接待游客近850万人次，累计接待世界各国

1　北京市政协教文卫体委员会，北京国际城市发展研究院，等．长城踞北：综合卷 [M]. 北京：北京出版社，2018.

元首、政府首脑513位，部长级以上官员8000多位。

冰雪映长城，激情助奥运

河北，自古以来就是长城修建的重要地区。河北长城资源丰富，是长城国家文化公园重点建设区，现存从战国到明代不同历史时期的长城总长2498.54千米，居全国第三位，长城资源数量众多，总体特点是年代跨度大，建筑形制多样，文物价值较高，分布范围广，体现了河北长城保护的重大历史和现实意义，同时也凸显出长城保护的艰巨性、复杂性和长期性。[1]

河北省张家口市地处蒙古高原与华北平原的过渡地带，西部的阴山余脉大马群山插入腰间，东连燕山山脉，南接太行山脉北端，从而构成了坝上草原游牧民族和中原农耕民族的天然分界线。地处河北省西北的张家口，是历代兵家必争之地，被视为京畿门户和首都北大门，也是中国长城修筑最集中的地区之一。张家口是现存长城最多、时代跨度最大的地区。从燕山山脉到阴山余脉，雄壮的长城蜿蜒起伏，横亘在张家口市3.7万平方千米的版图上。从战国到明代，八个时代的长城及其附属建筑在这里汇聚，遍布全市各个县区。据河北省长城资源调查勘测统计，张家口境内修筑长城总长度达1804.846千米。明代长城全长720.74千米，占河北省境内明长城总长度的一半以上。在一个地区内分布有这么多朝代的长城，在我国是很少见的，其中连接燕赵长城的秦长城和鲜见史册的唐长城为张家口所独有。从“万里长城第一门”的大境门，到华北地区保存最完好的明代军事卫城——万全右卫城，再到当时的“长城示范工程”的样边长城，张家口明长城包括了镇城、卫、所、堡、敌楼、烽火台和线性墙体等建筑类型，全面展示了长城的纵深防御体系。而在明代以前，还有多个历史时期的长城以张家口为起点修筑，包括燕北长城、赵北长城、北魏长川长城和“畿上塞围”以及罕见的唐长城。“欲把舆图求胜概，张城第一塞垣冲”，边墙密布的张家口，在古代担负着卫国重任，清人陈逢衡曾用这句诗来描述这座“武城”的担当。

1　来自《长城国家文化公园（河北段）建设保护规划》。

箭扣长城（2018年）

作为2022年冬奥会雪上项目的举办地，张家口市的崇礼区因漫长的雪季和绝佳的雪质而享誉全球。少有人知的是，在冰雪覆盖的绵延群山之上，还有许多长城遗迹纵横错落。随着冬奥会热度攀升，这些曾经“养在深闺”的古迹也揭开了神秘面纱。崇礼是我国几代长城汇聚之地，与其他地区不同，崇礼的长城不是一条线，而是一张独具特色的长城网，崇礼的长城遗址大体位于西部、中部、东部和南部四个区域，北部、东部、南部分别与张北、赤城、宣化交界，对崇礼区形成围合之势，成为“（长）城中城”。从分布上看，这些长城历经近2000年修建，涉及多个朝代；全长257.1千米，约占全省的十分之一；全线包括57段长城墙体，169座单体建筑，4通碑碣、题记、摩崖石刻，2座长城关堡……这组数字，诠释着崇礼长城非凡的历史价值。

崇礼长城的建筑形制花样繁多，有土夯、石筑、土石混筑，有干插石垒，也有土夯墙芯外用青砖、石条灰浆精心砌筑，或为圆形平顶，或为方形平顶。长城沿线，还有太子城遗址、响铃寺遗址、石嘴子遗址等众多重要历史遗存。

“冰雪映长城，激情助奥运”。2022年北京冬奥会期间，囊括冬奥颁奖广场、冬奥塔、国际会议中心、国际度假酒店群等的崇礼太子城冰雪小镇，与古长城的距离极为接近，长城文化与冬奥赛事将在这里交相映照。长城与冰雪一道，成为崇礼耀眼的城市符号，“长城脚下办冬奥，冬奥赛场看长城”让无数人翘首以盼在此圆梦的场景。七朝长城交会于崇礼，是悠远历史的馈赠，而冬奥与长城的约会，让崇礼这座掩映在大山之中的华北小城，吸引来全世界的目光，这是崇礼发展的机遇，也是崇礼长城光耀的机遇。

绿色冬奥的中国底色

北京2022年冬奥会和冬残奥会，习近平总书记提出了“绿色、共享、开放、廉洁”的办奥理念，这是新发展理念在北京冬奥会筹办工作中的体现，并贯穿筹办工作全过程。其中，“绿色办奥，就是要坚持生态优先、资源节约、环境友好，为冬奥会打下美丽中国底色”。

长城及周边地区与冬奥会的场馆同属一个生态系统。落实绿色办奥理

八达岭长城（2021年）

念，要求北京冬奥会在场馆规划、建设、运行和赛后利用全过程中，落实生态保护优先原则，把长城及其周边地区的生态保护与冬奥会场馆建设运营统一考虑，同步推进，注重保护其自然生态系统的原真性、完整性，最大程度利用现有场馆和设施，按照绿色建筑标准建设或改造场馆和设施，高标准保护赛区生态环境，促进人与自然和谐。

为此，延庆赛区秉持“山林场馆、生态冬奥”的设计理念，遵循自然生态规律，提出“近自然，巧因借”的理念，结合中国传统山水文化意境，形成系统的生态环境建设规划，实现最大限度减少对环境的干扰，使建筑与自然景观、中国山水文化与冬奥文化完美融合，打造了一个融于自然山林中的冬奥赛区。2016年，在赛区动“第一锹土”之前，设计团队就与林业、水土、生态专家踏遍赛区每寸土地，先期开展全赛区生态环境本底调查，为后续开展的生态系统保护和修复规划提供科学的决策依据，并以此严格划定赛区生态红线，明确保护范围，使奥运设施建设对生态环境的影响降至最低。其中，作为冬奥三个赛区之一的崇礼区，全区森林面积达到235万亩，森林覆盖率从2015年底的52%提高到67%，生态环境和生态质量稳步上升，“绿色办奥”理念已深入人心，成为张家口最亮的生态名片。

第三章

从『上冰雪』到『登长城』

奥运会不仅是体育的竞技场，更是文化交融的大平台。对文化的诠释，渗透在奥运会举办的方方面面，丰富着奥林匹克运动的内涵。北京冬奥会提出“带动三亿人参与冰雪运动”的口号，极大地推动冰雪运动在中国的发展。长城是世界认识中国、了解中国最直接、最有效的“金名片”。同时，将长城元素融入冬奥会筹备、举办和后续发展全过程，让更多的外国友人登长城、赏长城，让中华优秀传统文化走出去，再现新的生机与活力，让世界感知中国文化的独特魅力。

跨越时空对话冰雪文化

文化的力量是非凡的，文化的力量是强劲的。奥运会不仅是最高水平的体育竞技活动，也是当今世界非常重要的国际文化活动。体育，除了拥有极具观赏性的激烈对抗所呈现的竞技之美外，也是一个国家、民族文化的体现，是国家软实力的一部分。中华优秀传统文化是中华民族的精神命脉，是涵养社会主义核心价值观的重要源泉，也是中国在世界文化激荡中站稳脚跟的坚实根基。而奥林匹克文

乌龙沟长城（2017年）

化的表现形式包括奥林匹克运动的全部思想体系、活动内容、价值理念和标志、吉祥物、开闭幕式等。举办冬奥会，将成为东西方文化的一次重要的交流、对话和融合。

我国传统的冰雪运动，经历了生产劳动、军事战争、休闲娱乐、竞赛表演等功能演化，与社会文化发展息息相关，留下了各类古籍文献、文化遗迹、珍贵文物，是中华文化的宝贵财富，是中国智慧、中国精神的具象化表达。伴随着北京冬奥会的到来，中华传统冰雪文化将与奥林匹克运动相互促进、融合发展，在国际文化交流、世界文明互鉴中迸发出新的时代风采。

中国传统冰雪运动文化历史悠久，源远流长，是中华优秀民族文化的基本组成部分。有研究表明，中国阿勒泰地区是世界上最古老的滑雪地域，是人类滑雪的起源地。在阿勒泰留下的岩画等历史遗迹表明，早在1万年前的旧石器晚期，阿勒泰就已经出现了早期的滑雪运动[1]。2015年，中

1　崔乐泉，张红霞．从传统冰雪到冬奥文化：跨越时空的文化对话 [J]. 体育学研究，2019, 2(1): 7-16.

国、挪威、瑞典、芬兰等18个国家和地区的30余位滑雪历史研究专家联名发表了《阿勒泰宣言》，阿勒泰作为人类滑雪发源地这一观点再次得到国际公认。我国古代雪上运动主要用于狩猎、行军、游戏等，其中赏雪、玩雪是我国古代雪上运动的主要形式。相较于雪上运动，我国古代的冰上运动出现得较晚，但发展得更为多元。关于冰上运动的记载，较早出现于唐代北方民族的冬季狩猎活动中，据《新唐书》记载，“拔野古一曰拔野固，或为拔曳固，漫散碛北，地千里……俗嗜猎射，少耕获，乘木逐鹿冰上”说的就是拔野古族人当时脚踩着木质器具滑冰，在冰上打猎。宋代已有冰上运输工具“凌床”，元代时出现了以狗为役力的冰上交通工具“站车”，明朝“凌床”成为宫廷、民间开展的一项冰上活动，清代出现了冰嬉，发展出抢球、转龙射球、摆山子、打滑挞、花样滑冰和冰上杂技等形式和技艺，标志着我国古代冰上运动达到了高潮[1]。总体来说，中国古代的冰雪运动技艺已达到较高水平，充分体现了中华民族传统体育文化的技巧性特征。乾隆时宫廷画家张为邦等人绘制的《冰嬉图》，描绘了当时流行的双飞燕、金鸡独立、哪吒闹海等花样滑冰造型，以及弄幡、缘竿、耍刀等冰上杂技[2]。同时，民间涌现出了众多冰上运动高手，创造出一些独具一格的冰上技艺，如乾隆、嘉庆时期青年人海英的“倒溜”技术，苗族青年喜桂的“燕子三点水”高难度动作，尚星阶的“骑马式”滑冰技术等，都充分体现出了中国古代高超、精湛的冰雪运动技艺。近现代以来，我国冰雪运动的趣味性虽有增强，但竞技性却在减弱。

冰雪是大自然给予人类的一种独特的活动舞台。孟德斯鸠说过：“寒冷的气候赋予人类的头脑或身体以某种力量，这种力量使人们有能力去从事持久的、艰巨的、伟大而勇敢的行动。”无论是中国传统冰雪文化还是冬奥冰雪文化，都是冰雪自然资源与人类文明发展有机结合的独特文化形态。中国传统冰雪运动因地理环境影响而肇始，因生产活动而发展，因文

1　崔乐泉，张红霞．从传统冰雪到冬奥文化：跨越时空的文化对话 [J]. 体育学研究，2019, 2(1): 7-16.

2　张华，张大春．从《冰嬉图》探窥清代滑冰运动 [J]. 冰雪运动，2015, 37(3): 32-34, 53.

化生活而演进，并最终成为兼具大众文化休闲与民族表征的一种东方冰雪文化形态。西方文化中强烈的竞争意识，善于展现自我的人性表达、科学与多元的文化价值观，使得冬奥冰雪活动无论在运动特点上，还是在竞技方式上，都形成了自己的特点。

跨越时空的东西冰雪文化，通过北京2022年冬奥会的平台在华夏大地交融，人们也将目睹一场由东方与西方、传统与现代冰雪文化交流融合的盛宴，中国传统冰雪文化将与源于西方的冬奥冰雪文化协奏出世界冰雪文化新的篇章，构建起具有现代性世界意义的冰雪文化。

冰雪运动进入寻常百姓家

新中国成立后，中国冰雪运动开始向现代化、全面化迈进。早在2014年，中国国家主席习近平在出席索契冬奥会时曾对国际奥委会主席巴赫说，“在中国，冰雪运动不进山海关。如果冰雪项目能在关内推广，预计可以在两三亿人中带动更多人参与，由此点燃中国冰雪运动的火炬”。2015年7月31日国际奥委会投票表决2022年冬奥会举办权归属前，习近平主席又通过视频向世界作出承诺：“中国人民期盼和等待着这次机会，我相信，如果各位选择北京，中国人民一定能在北京为世界奉献一届精彩、非凡、卓越的冬奥会！”“带动三亿人参与冰雪运动”，这既是向国际社会做出的郑重承诺，也是逐步解决中国冰雪运动发展的地域不平衡的有力措施，助力更多青少年体验冰雪运动的快乐和魅力，让冰雪运动成为更多中国人的健身载体和生活方式。

从此，“带动三亿人参与冰雪运动”成为中国普及冰雪运动最响亮的口号，大量政策文件随之出台并落实。申办2022年北京冬奥会成功的次年正值“十三五”开局之年，国家体育总局在发布施行的《体育发展“十三五”规划》中明确提出，以筹办2022年北京冬奥会为机遇，对冰雪运动、冰雪产业发展做出系统规划，提出要按照“全民普及、优化提升，市场主导、政府引导，因地制宜、重点发展，协调互动、融合发展”原则，到2025年形成冰雪运动基础更加坚实，普及程度大幅提高，竞技实力极大提高，产业体系较为完备的冰雪运动发展格局，直接参加冰雪运动的人数超过5000万，并“带动三亿人参加冰雪运动”。同年，

黄崖关关城（2021年）

制定《全国冰雪场地设施建设规划（2016—2022年）》，明确了冰雪运动设施建设的目标、重点、标准等。此后，我国全面推进冰雪运动“南展西扩”战略，以京津冀为引领，以东北三省提升发展为基础，发挥新疆、内蒙古等地区的后发优势，带动南方地区协同发展，逐步形成了引领带动、三区协同、多点扩充的发展格局。2018年，国家体育总局出台了《“带动三亿人参与冰雪运动”实施纲要（2018—2022年）》。2019年，中共中央办公厅、国务院办公厅印发了《关于以2022年北京冬奥会为契机大力发展冰雪运动的意见》。当前，我国冰雪运动正按照北冰南展西扩东进的战略进行，一大批室内冰场落户一线城市繁华商圈，更多雪场在低纬度高海拔地区生根开花，冰雪运动正在打破时空局限，从北方走向各地、从冬季走向四季，东西南北交相呼应、春夏秋冬各具特色、冰上雪上协调并进的局面正在形成。

群众体育关乎人民健康体质和健康中国的建设，北京冬奥会的筹办就是将专业竞技运动与全面健身活动有机结合，统筹推进的过程。为此，中国把备战北京冬奥会和普及大众冰雪运动相结合，全民动员，广泛参与，尤其是把青少年的冰雪运动放在重要的位置上，让冰雪运动成为全民健身的形式之一。青少年既是冰雪运动的主力军也是先行军，更是整个冰雪事业“金字塔”的底座。把推进冰雪运动进校园作为深化学校体育改革的重要内容和推进教育现代化建设的重要举措，着力构建“冰雪运动特色学校+冬季奥林匹克教育示范学校+高校高水平冰雪运动队+冰雪运动试点县（区）+冰雪运动改革试验区”协同推进的校园冰雪运动格局，实现“全学段、全过程、全方位”的冰雪运动教育模式，截至2020年，已在全国范围内遴选835所奥林匹克教育示范校和2062所冰雪运动特色校，切实提高校园冰雪运动普及水平，丰富体育教学活动内容，培养积极健康的生活方式，切实让广大青少年在体育锻炼中“享受乐趣、增强体质、健全人格、锤炼意志”。

“带动三亿人参与冰雪运动”的最好范例之一，当属已经举办七届的“全国大众冰雪季”。2014年它为助力冬奥申请而生，如今已经成为落实全民健身国家战略、推广普及冰雪运动的品牌活动。每届冰雪季活动都能吸引数千万人参与，满足了群众冬季多样化的健身需求，在推动“带动三亿人参与冰雪运动”中发挥了引领和带动作用。2020—2021雪季进行的第七届“全国大众冰雪季”吸引了全国31个省区市、184个地市参与其中，带来近1200场次大众冰雪活动，直接参与冰雪赛事活动、接受冰雪运动知识宣传培训的人数达近亿人次。

请到长城脚下来滑雪

冰雪运动不仅仅是一项运动，更是一种文化，一种生活方式，一种健康的产业生态协同发展模式。“带动三亿人参与冰雪运动”，不仅对中国的冰雪产业是一个重要机遇，对于全球冰雪运动也是千载难逢的机遇。举办北京冬奥会，将在很大程度上刺激整个消费市场、带动冰雪体育、冰雪旅游等相关行业的整体性发展。冬奥会其实是一个有高辨识度、自带流量，能够将各产业连接融合的综合性文旅IP。而北京冬奥会，是一次在长城脚下举办的重大体育赛事和文化盛宴，打造好北京冬奥这个文旅体融合发展的新IP，让来自世界各国的友人通过上冰雪、登长城，在冰雪世界里体验中国故事、冬奥魅力。

黄崖关长城（2020年）

因为一个吉祥物，或因为一部剧、一首歌、一句诗，我们可能就会赴一座城。文化是旅游的灵魂，旅游是文化的载体，IP是文化旅游的代言人。2016年被称为IP爆发之年，影视、动漫、游戏、音乐、演艺、娱乐等产业以IP为核心，构建了一个知识产权的新生态。文旅IP受到普遍关注，与消费升级及对产品内涵的丰富和提升有关。通过IP运营以提升旅游产品和服务价值，是文化旅游带动区域经济社会复合式发展的关键所在。文旅高质量发展离不开超级IP的培育和支撑。一个文旅IP，等同于一个独一无二的商业帝国、文化独立王国。以迪士尼为例，迪士尼是从动漫开始，衍生到出版、电影、主题公园逐渐发展起来的，但它最核心的独特性在于它背后的美国文化，是美国文化的冒险精神，美国人的特立独行，以及构成美国这片土地的一切特别精髓的集合，奇迹般地将一只老鼠缔造成为全世界的文化IP！

长城及其背后所代表的中国文化，赋予北京冬奥会独特的文化内核。2008年北京夏季奥运会筹备举办过程中，长城也是不可或缺的中国元素之一。比如，在北京2008奥林匹克文化节开幕式上，首座北京奥运会景观标志在八达岭长城落成，标志着北京和其他奥运举办城市一样，拥有了属于自己的独特城市奥运印记。钧瓷“北京奥运长城鼎”入选2008年北京夏季奥运会国礼，成为向世界各国友人宣传和展示中华民族灿烂传统文化的靓丽使者。在开幕式上，也融入了长城的元素。2022年北京冬奥会申办报告中提出，北京2022将把地域维度的长城文化、时间维度的春节文化及百年冬奥与奥运会元素整合，创造丰富的文化遗产，为奥林匹克大家庭提供独一无二的体验。把中华民族灿烂文化与冬奥会完美融合，给奥林匹克和各国运动员以独特的体验和美的享受。筹备冬奥会，场馆建设是重中之重。2017年1月23日，习近平总书记在张家口考察冬奥会筹办工作时深刻指出：“体现中国元素、当地特点，严格落实节能环保标准，保护生态环境和文物古迹，让现代建筑与自然山水、历史文化交相辉映，成为值得传承、造福人民的优质资产，成为城市新名片。”为此，冬奥会场馆设计坚持突出体育运动的专业性和文化性相结合的原则，充分考虑场馆的视觉效果与长城物理空间的融合，将长城文化、长城元素有机地融入场馆的建设中，此外，在交通、通讯、医疗、餐饮、住宿等配套设施建设中，也有机地将长城元素融合其中，实现了长城内外壮美景色与场馆景观交相辉映，现代元素与历史文化的相得益彰。同时，利用北京长城文化带沿线深厚的文化底蕴，长城及其周边地区持续开展了一系列文艺演出、文化展示、旅游体验活动，将奥运精神与长城文化有机结合，这些文化活动从冬奥会筹备、开幕持续到结束，让来自世界各地的人们不仅能够在长城脚下欣赏到精彩的赛事，也能观赏到来自中国的最精彩的文化演出，感受北京冬奥会的氛围，体验长城文化的魅力，提升全民乃至世界对长城文化的了解。

以北京长城文化带为主线，着力打造“长城+冬奥”精品旅游线路。“奥林匹克运动发展的历史表明，奥运会和旅游是一对孪生兄弟”。而文化是体育与旅游的内核和本质属性，只有将文化融入旅游的全过程，旅游业才能长盛不衰，历久弥新。京津冀旅游协同发展第六次工作会议公布《京津冀旅游协同发展示范区合作宣言》中提出，密云、延庆、承德、张家口共建京北生态（冰雪）旅游圈，其中延庆、张家口共建京张体育文化旅游带。长城及长城文化是京北生态（冰雪）旅游圈、京张体育文化旅游带的重要组成部分。以冬奥会的筹办以及冬奥遗产的后续开发利用为契机，将长城文化品牌与冬奥品牌打包，谋划建设“长城+冬奥”精品旅游线路。对沿线项目建设、空间布局、协作管理以及服务体系进行统筹设计安排，加强北京与张家口的合作，共同开发建设一批符合国际标准，又能体现区域文化特色的旅游项目。通过旅游线路的开发建设，带动长城文化带沿线居民生活水平的提高和生活质量的改善，让城乡之间、区域之间的发展更均衡、更充分。

从网红打卡到深度文旅IP，以冬奥会为契机，推动建设一批长城脚下的美丽乡村。党的十九大报告提出了到21世纪中叶建设“富强民主文明和谐美丽的社会主义现代化强国”的目标，美丽乡村是美丽中国的重要组成部分。十九大报告首次提出乡村振兴战略，明确了“产业兴旺、生态宜居、乡风文明、治理有效、生活富裕”的总体要求。北京长城文化带沿线集聚或散落的中国传统村落、民俗文化村落，既是北京长城文化带的重要组成部分，也是展示长城文化、体验传统文化的重要窗口。要以冬奥会后期营运与后续发展为契机，对长城沿线的古村落进行系统梳理，着力打造一批长城脚下的美丽乡村。建设长城脚下的美丽乡村，“不能大拆大建，特别是古村落要保护好”，要按照“保持传统村落完整性、真实性和延续性”的要求，突出依山就势，与自然和谐共生的理念，在保障安全的前提下延续小组团结构、沿长城带状分布，形成生动婉转的空间形态。同时，要更加注重文化内涵，传承历史文化，充分尊重当地居民生活方式和风俗习惯，既满足现代人生活的要求，又体现区域特色和传统文化，使传统民居能够具有生命力并延续下去。结合村落的文化传说、文化景观、民俗活动，建设能够体现当地文化特色的景观小品或公共空间。进一步完善美丽乡村规划建设管理机制，不断提升基础设施和公共服务设施建设水平，让生活在这些美丽乡村的百姓能够共享美好生活，期待美好未来。

把冰天雪地变成“金山银山”

让老百姓从冬奥筹办中实实在在受益，提升生活幸福感和获得感，是冬奥筹办的重要考量和意义之一，也是可持续计划的主要内容之一。贫困是横亘在世界发展面前的一道巨大鸿沟，是人类社会的顽疾。消除贫困是人类梦寐以求的理想，人类发展史就是与贫困不懈斗争的历史。作为此次奥运会的三大赛区之一的张家口市，曾是河北省最贫困的地区之一和北京周边贫困人口最集中的地区。在中国脱贫攻坚工作的持续推进下，借助冬奥会筹办的机遇，张家口崇礼区这座只有12万余人口的塞外小城，近3万人直接或间接为雪场服务，让周边的群众靠“雪”吃饭。崇礼的蜕变，是中国脱贫攻坚壮举的一个缩影，也是中国减贫成效的最生动体现。

习近平总书记曾提出，“冰雪是资源，寒冷是优势”。2015年以来，崇礼区按照国家关于精准扶贫工作“两不愁、三保障”的总体要求，坚持脱贫攻坚以民生保障为着力点，以产业结构调整为关键点，与冬奥会筹办相结合，从源头斩断“穷根”，一步一个脚印，做到扶贫对象、项目安排、资金使用、措施到户、因村派人、脱贫成效“六个精准”，实施发展生产、易地搬迁、生态补偿、发展教育、

金山岭长城（2020年）

社会保障兜底“五个一批”，切实破解了扶持谁、谁来扶、怎么扶、如何退、如何稳五个问题，2019年5月，崇礼贫困发生率降至0.038%，正式脱贫出列，实现了“摘帽”。崇礼，已从一个曾经的贫困县“脱胎换骨”成为国际化冰雪胜地。

东西部扶贫协作和对口支援，是推动区域协调发展、协同发展、共同发展的重大战略，是以东部之优补西部之短，是变“输血式扶贫”为“造血式扶贫”的重要探索。为缩小东西部发展差距，激发西部地区内生动力和可持续发展能力提供了制度支撑。北京自身没有国家标准下的贫困人口，但承担着河北、内蒙古、西藏、新疆、青海等省区90个县的扶贫支援任务。北京市始终把扶贫协作和对口支援工作当作光荣的政治任务、分内之事和义不容辞的责任，树牢首要意识，坚持首善标准，发挥首都优势，发扬首创精神，争创首位效益，形成了生动实践。按照对口支援的整体安排，北京市东城区与张家口市崇礼区开展对口帮扶工作。结对以来，东城把对口帮扶作为分内事、自家事，通过互派挂职干部、开展跨区域干部教育培训行动等方式，不断提高崇礼区领导干部能力素质，打造一支带不走的人才队伍。通过建立长效帮扶机制，着力解决崇礼存在的教育医疗水平低、基础设施差等社会发展短板，发挥北京市优质教育资源优势，发挥名校辐射作用，全面实施手拉手结对、教师素养提升工程，以教育扶贫斩断贫困代际传递。创新“互联网+健康扶贫模式”，打通了健康扶贫“最后一公里”，形成稳定脱贫的免疫机制。发展是消除贫困的最有效办法，创造幸福生活最稳定的途径。东城区与崇礼区的对口帮扶，充分挖掘崇礼资源、区位、产业优势，聚焦产业扶贫、消费扶贫等方式，不断激发发展的内生动力，实现了对崇礼“有尊严的帮扶”。应该说，东城与崇礼是一场“文明”与“礼义”的“冰雪奇缘”，是对“包容性”发展理念、“嵌入式”发展理论的探索与实践，为精准扶贫区域协作提供了一批可推广、可持续的“北京经验”。

2020年年末，占世界五分之一人口的中国向世界发出“如期完成新时代脱贫攻坚目标任务”的重大宣告，至此，中国现行标准下的农村贫困人口全部脱贫。中国消除了绝对贫困和区域性整体贫困。作为拥有14亿人口、世界上最大的发展中国家，中国创造了人类减贫史上的奇迹：改革开放40多年来，7.5亿人成功脱贫，提前10年实现联合国2030年可持续发展议程减贫目标，显著缩小了世界贫困人口的版图，对世界减贫贡献率超过70%，为实现《变革我们的世界：2030年可持续发展议程》中所描绘的更加美好和繁荣的世界作出了重要贡献，大大加快了全球减贫进程，谱写了人类反贫困历史新篇章。“中国是向世界展示如何消除贫困的第一个发展中国家，这是历史性的成就”“中国为其他发展中国家带来了希望，树立了榜样”“中国是全球减贫事业的最大贡献者”……许多国家政要、专家和媒体，毫不吝惜对中国脱贫攻坚重大胜利的赞美。

第四章

冬奥遗产与后奥运发展

奥运因城市更精彩，城市因奥运更美好。奥运遗产是奥林匹克运动可持续发展的核心要素，奥运遗产的规划和开发是奥运会举办者和赛事举办城市的重要任务。从2008年夏奥会到2022年冬奥会，中国致力于破解奥运遗产与后奥运可持续发展问题。随着2022年冬奥会的筹备、运行与举办，中国将最大限度地发挥奥林匹克运动的功能和影响力，在体育、文化、教育、环境、场馆及城市基础设施等方面创造更有价值的奥运遗产，并促进后奥运时期合理的开发利用。

可持续发展的新起点

对于一个城市或区域来讲，奥运遗产自申办奥林匹克运动会起就已开始形成。按照国际奥委会关于奥运遗产的最新的表述，奥运遗产是实现奥运会愿景的结果，包含所有通过举办奥运会为大众、城市和地区以及奥林匹克运动带来或加速带来、有形和无形的长期正面收益。从本质上来说，奥运遗产已被纳入人类可持续发展的范畴。

2015年9月，世界各国领导人在

金山岭长城（2021年）

一次具有历史意义的联合国峰会上通过了《变革我们的世界：2030年可持续发展议程》，勾勒出人类未来15年世界各国的发展，为国际发展合作指明了方向，勾画了蓝图，也促使可持续发展理念在全球形成共识。该议程提出，“我们认识到体育在如下领域正在作出更大贡献以推动社会和平与发展，包括：推动宽容与尊重；为妇女、青年、个体和社区赋权；促进健康、教育和社会包容”。奥林匹克运动可持续发展源自环境保护，在不断发展的过程中，可持续发展渗透到奥林匹克运动的方方面面。人与自然、人与社会、人与人的和谐关系是奥林匹克运动可持续发展的核心。其发展目标是在实现奥林匹克运动代内和代际的全面发展的基础上，创造一个更加美好的世界。在全球可持续发展的趋势下，奥运遗产的可持续发展不但关乎着奥林匹克运动的改革进程，更影响着举办城市、地区长期健康发展。

奥运遗产强调对举办城市、地区以及人民长期的积极影响，这与奥林匹克运动的宗旨——建立一个更加美好的世界紧密相关。奥运遗产作为贯穿奥运会举办前后的重要内容，在一定程度上已经成为影响奥林匹克运动持续发展的关键，成为国际奥委会衡量奥运会成功与否的重要指标。但国际奥林匹克委员会对于奥运遗产的认识也经历了一个漫长的过程。20世纪50年代以前，“奥运遗产”并未走进人们的视野，对奥运会的认知也未上升到“遗产”的高度。1951年“奥运遗产”首次出现在奥运文本中，奥运遗产逐步成为各个申办国在申请阶段反复提及的竞争优势，成为申办报告中不可或缺的一部分。20世纪90年代以来，国际奥委会开启了以“可持续发展”为核心的系列改革。1996年《奥林匹克宪章》首次出现可持续发展的条款。1999年《奥林匹克21世纪议程》将全力推动全球可持续发展作为自己的社会责任，国际奥委会2000年提出，国际奥委会应增强国际奥林匹克运动对社会和人类发展的支持作用。2003 年“奥运遗产”作为国际奥委会的职能和使命之一，被列入《奥林匹克宪章》，并正式启动了以“奥运会影响报告”为表现形式的奥运遗产规划、评估与研究体系。

申办2022年冬奥会和2024年夏奥会过程中，很多城市中途退出；里约奥组委也因奥运会背上了沉重的债务，不少场馆赛后被闲置。原先抢手的奥运会“香饽饽”似乎已不再那么吃香。在此背景下，2014年12月8日在摩纳哥蒙特卡洛举行的国际奥委会第127次全会上通过了奥林匹克运动发展中一份重要的改革文本《奥林匹克2020议程》（以下简称《议程》）。《议程》围绕可持续发展、提高公信力和吸引青少年三大主题提出了40条改革建议，核心内容是降低奥运会申办和运行成本、可持续发展、提高公信力和注重人文关怀等，并将“可持续性”列为奥林匹克运动发展的核心要素，置于奥林匹克发展图景中的首要地位。其中，第4条建议要求“将可持续性融入奥运会的各方面”，第5条建议要求“将可持续性融入奥林匹克运动的日常运行”。《议程》是近年来国际奥委会发布的最为重要的奥林匹克运动改革指导性文件，是对奥林匹克运动未来发展的一次全景描绘。《议程》公布之后，国际奥委会于2017年和2018年相继颁布了《国际奥委会可持续发展战略》《遗产战略方针》《奥运会：新规范》。相关指导性文件的制定在一定程度上保证了《议程》的实施，有效地推动了新时期奥林匹克运动的改革，有力地推动可持续发展渗透到奥林匹克运动的方方面面。

“一起向未来”

创造丰厚的冬奥遗产，为国家、举办城市、人民群众带来长期的积极的收益，是做好筹办工作的重要内容，也是成功办奥的重要标志之一。

北京2022年冬奥会和冬残奥会，是国际奥委会《议程》颁布后第一届从筹办之初就全面规划管理奥运遗产的奥运会。北京、张家口联合举办的2022年冬奥会是在人口密集、环境污染重、发展不均衡、社会资源不均等的城市及区域，探索如何对人居环境改善、经济高质量发展以及人民美好生活实现作出可持续城市示范性贡献的一个契机。城市的可持续发展是2022年冬季奥运会遗产规划和管理的基本原则和主要目标，而京张联合办奥，又赋予了冬奥会促进京津冀协同发展的国家重大战略目标实现的重大意义。为此，2015年北京冬奥申委提出了可持续发展、以运动员为中心以及节俭办赛三大申办理念，这对《议程》关于降低奥运会申办和运行成本、可持续发展、提高公信力和注重人文关怀的改革方向高度契合，而北京、张家口联合申办 2022年冬奥会更是对《议程》关于多个城市联合举办奥运会的改革措施的直接回应。

在申奥成功之后，习近平总书记多次对北京冬奥会、冬残奥会的筹办工作做出重要指示，明确了“绿色、共享、开放、廉洁”的办奥理念，提出要突出“简约、安全、精彩”的办赛要求。绿色办奥，就要坚持生态优先、资源节约、环境友好，为冬奥会打下美丽中国底色。共享办奥，就要坚持共同参与、共同尽力、共同享有，使冬奥会产生良好社会效应。开放办奥，就要坚持面向世界、面向未来、面向现代化，使冬奥会成为对外开放的助推器。廉洁办奥，就要勤俭节约、杜绝腐败、提高效率，坚持对兴奋剂问题零容忍，把冬奥会办得像冰雪一样纯洁无瑕。无论是“以运动员为中心、可持续发展、节俭办赛”，还是“绿色、共享、开放、廉洁”的办奥理念，都是《议程》中提出的可持续发展理念的落实和践行。

创造奥运会和地区可持续发展的新典范。冬奥会申办以来，北京冬奥组委高度重视可持续性工作，将可持续性作为全局重点工作之一，并制定了《北京2022年冬奥会和冬残奥会可持续性计划》，明确北京冬奥会可持续性愿景和目标，确立了“环境正影响”“区域新发展”“生活更美好”的行动措施，并把冬奥会筹办与京津冀协同发展战略和地区长远发展规划紧密结合，着力推动地区生态环境改善、经济发展和社会进步，让城市发展有力保障冬奥会举办，让筹办冬奥会加快城市可持续发展，形成奥林匹克运动和城市、区域良性互动、共赢发展的新典范。

体育运动的开展与自然环境息息相关，并受到环境的制约。冬季运动体育场馆的规划选址、建设和运行都不可避免的会对自然环境造成影响。北京冬奥会在申办之初就认识到这一问题的严重性，北京冬奥组委与北京、张家口两地政府共同努力，按照坚持生态优先、绿色发展、资源节约、环境友好的原则，重点实施场馆建设和利用坚持生态优先、生态环境质量稳步提升、低碳冬奥应对气候变化、可持续性要求纳入采购四项专项行动，最大程度利用现有场馆和设施，切实改善京张地区生态环境质量，积极应对气候变化，努力实现低碳奥运和促进绿色低碳循环经济发展，为冬奥会打下美丽中国的底色。

奥运是举办城市可持续发展的重要催化剂，不仅可以带动区域环境质量改善，还将大幅度促进地区经济发展，增强城市后续发展的动力。《北京2022年冬奥会和冬残奥会可持续性计划》提出，坚持冬奥会筹办对区域协同发展具有强有力的牵引作用，把冬奥会与京津冀协同发展战略紧密结合起来，推动京冀两地交通、产业、公共服务等协同发展，解决发展中存在的不平衡和不充分等突出问题，创造北京冬奥会在经济、环境和社会方面的综合价值，推动实现更高的区域发展水平。通过加快基础设施建设改善城市无障碍环境，提高城市管理水平和服务保障能力；以冰雪产业、旅游产业发展为切入点加快京张地区文化带建设，促进冰雪消费升级，推进科技成果转化利用培育新的经济增长点，为区域的长远发展注入新的动力。

通过体育运动促进社会进步是奥林匹克运动的核心任务。北京冬奥会的筹办将带动中国冰雪运动的普及，通过吸引更多利益相关方的参与，促进多方人员的全面发展、公共健康的改善和社会凝聚力的增强。实现让生活更美好，就是要在冬奥会的筹备、举办和后续发展的过程中，坚持以人民为中心的发展思想，共同参与、共同尽力、共同享有，使冬奥会产生良好社会效应，顺应人民群众对美好生活的新期待。要加快人才培养，妥善安置赛区居民，改善居民贫困状况，促进冬奥会与人的发展相融合。大力弘扬奥林匹克精神，推进冰雪运动普及，引导积极、健康、文明的生活方式，切实增强人民群众的获得感和幸福感。弘扬中国文化，培育良好社会风气，提升社会文明程度。

2021年9月17日，在北京冬奥会开幕倒计时140天之际，北京2022年冬奥会和冬残奥会主题口号正式发布——“一起向未来（Together for a Shared Future）”。“一起向未来”符合构建人类命运共同体的中国倡议，体现了“绿色、共享、开放、廉洁”的共享办奥、开放办奥的理念，符合当前应对新冠肺炎疫情形势下，世界需要携手走向美好明天的共同诉求，也符合奥林匹克运动、残疾人奥林匹克运动的核心价值和愿景，追求团结、和平、进步、包容的目标[1]。“一起向未来”与2008年时的“同一个世界，同一个梦想”一脉相承，同时体现出当前的时代特征，是北京作为“双奥之城”，给奥林匹克精神和理念留下的又一中国印迹。

走向后冬奥时代

继承夏奥、创新冬奥，实现奥运场馆长久利用。大型体育赛事场馆赛后利用几乎是“世界难题”。北京作为“双奥之城”，奥运遗产非常丰富，尤其是在场馆和基础设施建设方面，北京冬奥会将最大程度利用好2008年夏奥会的众多奥运遗产。冬奥会北京赛区主要场馆中有6个是北京2008年奥运会场馆遗产。为此，北京冬奥组委坚持提前谋划，对于既有场馆，充分运用创新科技手段改造扩展现有场馆功能，多数场馆实现冬夏两用。对于新建场馆，在规划设计阶段提前考虑赛后利用，更加聚焦群众体育健身需求。如今，每座冬奥场馆都拥有一份着眼后奥运时期的发展规划。国家跳台滑雪中心“雪如意”的“柄首”位置，赛后将用于举办会议会展，接待旅游观光，为场馆的可持续使用打开更广阔空间；外观晶莹剔透的国家速滑馆“冰丝带”，1.2万平方米冰面

1　吴为．“一起向未来”！北京2022年冬奥会和冬残奥会主题口号发布 [N]. 新京报 , 2021-09-17.

乌龙沟长城（2018年）

采用分模块控制单元，冬奥会后可同时接待2000名市民参与冰球、花样滑冰、冰壶等运动；具备“水冰转换”条件的国家游泳中心，冬奥会后春夏秋三季开展水上运动，冬季开展冰上运动……冬奥场馆向公众开放，服务全民健身，正是“共享办奥”理念的成果，也让冬奥建设“坚持百年大计”的内涵更富光彩。

用好“黄金期”，让冰雪运动持续“热下去”。2022年冬奥会申办成功以来，在“带动三亿人参与冰雪运动”目标的驱动下，冰雪运动在国内的热度正持续攀升。以筹办冬奥为契机，冰雪运动发展政策环境不断优化，各类群众性冰雪活动广泛开展，场地设施逐步完善，冰雪运动竞技水平稳步提升，包括青少年在内的越来越多的群众走进冰场、走向雪场，尤其是残疾人通过参与冰雪运动实现了与社会的更好融合。我国冰雪运动进入了快速发展的黄金期，“带动三亿人参与冰雪运动”的愿望正从梦想走向现实。进入后奥运时期，如何持续激发大众对冰雪运动的热情，让冰雪冷资源变成发展的热经济，让冰雪运动从专业走向大众，实现冰雪运动的有序健康发展成为重中之重。通过引导培育积极健康的消费理念，形成促进健康、全民参与、可持续的冰雪运动消费观，引导群众在冰雪运动消费类型上向参与型体育运动消费转变，提升体育消费的健康属性。运用“互联网”“大数据”“人工智能”等科技手段，提升冰雪场馆的网络化和智能化运营，充分挖掘用户偏好，着力打造涵盖不同消费群体的运动模式，提高公众的感知度和选择的便利性。推动冰雪运动场馆建设与旅游、住宅、休闲等项目融合，加快京张冰雪体育文化旅游带建设，做精冰雪运动上下游产业，整体提升冰雪运动装备制造、教育培训、赛事服务、健康管理及相关的中介服务水平，构建冰雪运动的全产业链。持续推动青少年冰雪运动普及，为冰雪运动持续发展培养人才和更加专业、更具黏性的消费群体，真正让冰雪运动走向大众、走进生活。

传承绿色理念，让冰雪之美擦亮美丽中国底色。生态是北京冬奥会留给这个城市、这个区域最重要的遗产。《北京2022年冬奥会和冬残奥会遗产报告（2020）》显示，截至2019年年底，北京、张家口市空气质量状况明显改善，空气中细颗粒物（PM2.5）年平均浓度较2015年分别下降47.9%和26%。京张治沙覆绿成效显著，两市森林覆盖率持续提升，北京市森林覆盖率2019年达到44%，与2015年相比增加了2.4%；张家口市林木绿化率2019年达到50%，比2015年提高13%。京张水环境质量持续提升，2019年北京市污水处理率达到94.5%，比2015年提升了6.6%。一串串数字既是履行北京冬奥会承诺的见证，也是这个区域生态文明建设的演绎。冬奥会有闭幕的时点，但生态文明建设没有终点，以冬奥会的完美落幕为起点，北京携手张家口的生态文明建设将进入新的周期。特别是要进一步落实京津冀生态文明建设的一盘棋理念，尊重自然、顺应自然、保护自然，持续巩固冬奥筹备期间生态文明建设形成的机制和模式，打造“人与自然是生命共同体”的典范。

践行人民发展理念，掀开更均衡、更高质量发展的新篇章。城市是人民的城市，城市建设要坚持以人民为中心的发展理念，更好地满足人民对美好生活的新期待，这是北京这座城市的发展目标，带动更多的群众过上好日子也是首都的责任和担当。促进人的全面发展是现代奥林匹克精神的核心要义，让全社会共享建设发展成果，让广大人民群众受益是北京冬奥会的基本原则。筹办冬奥的过程，是践行以人民为中心发展理念的过程，也是京张两地人民群众获得感和幸福感不断提升的过程。“一条高铁、多条干线”的城际交通网络，让北京与崇礼之间的车程从3个多小时缩短至46分钟，北京、延庆、张家口三个赛区统一标准的赛时服务保障要求让首都更多的优质医疗、教育资源与张家口共享。从竞赛场馆到基础设施，从生态联防联治到公共服务共建共享，从对口支援到区域协作，冬奥会带动的不仅仅是两座城市的经济，更改变了两个城市的发展模式。后奥运时期，要继续传承好冬奥筹办过程中一以贯之的以人为中心的发展理念，着眼于人的全面发展，把人本价值作为推动区域发展的核心取向，让冬奥效应、冬奥精神持续为区域发展注入源源不断的发展动力，引领京津冀实现更高质量的协同发展，不断改进城市服务和管理的重要标尺，以更优地供给满足人民需求，用最好的资源服务人民，提供更多的机遇成就每个人。

精神文化遗产是奥运遗产的重要组成部分，2008年北京奥运会所展现出的以集体主义、爱国主义为代表的中国精神让世界震惊。在2008年奥运会基础上，2022 年冬奥会将更加广泛而深入地展示中华文化，促进世界对中国的了解和认同。同时，北京奥运会筹办中形成的志愿者、办赛人才、运行指挥以及服务保障机制等是北京奥运会留给我们的宝贵财富，并在2022年北京冬奥会的筹备和举办中得到了进一步的传承。在北京冬奥会筹办过程中，这些遗产都得到了充分利用，一大批双奥志愿者、双奥工作人员奉献冬奥，双进入、场馆化工作模式又焕发新活力，奥运经验得到了深入而又广泛的传承。要把在传播冬奥精神中讲好中国故事贯穿到冬奥会的筹备、举办及后续利用、发展的全过程，持续挖掘冬奥会遗产的文化价值和精神价值，找准中国传统文化与冬奥精神的价值契合点，以绿色办奥理念、环保低碳议题、减贫问题等当下国际性共同议题为切入点，持续推动冰雪文化国际交流，让北京冬奥在后续发展和参与全球治理方面，更生动地讲好中国故事，传播好中国声音。

司马台长城（2017年）

结语

美美与共

“纵观人类历史，把人们隔离开来的往往不是千山万水，不是大海深壑，而是人们相互认知上的隔膜。”世界文化和自然遗产在增强各国人民自身身份认同的同时，在推动不同文明和文化互通互鉴、携手共荣方面发挥着重要作用。时至今日，保护包括长城在内的世界遗产，在很大程度上也为“推动构建人类命运共同体”伟大目标提供了历史依据。长城之美，熠熠生辉，向世界展示着中华民族以和为贵、以文化人的发展理念，传递着美美与共、世界大同的价值追求。

当然，作为一项世界遗产，长城首先是物质的，是文化与精神的载体。在当代，文物应当是长城的第一身份。按照文物保护的原则来保护长城遗迹，传承好、利用好这一文化瑰宝，是中国政府乃至国际社会高度关注和积极投入的事情，这也是长城发挥世界遗产功能的前提和基础。

2006年，中国政府颁布《长城保护条例》，这是中国第一部针对一项文化遗产制定的国家级法律文件。同时，中国国家文物局推动实施《长城保护工程（2005—2014）总体工作方案》，全国近2000名文物与测绘工作者通过6年时间进行长城资源调查，基本摸清了长城的“家底”，并于2012年向社会公布了精确的长城测绘数据。在此基础上，中国完成了长城资源数据库与长城资源保护管理信息系统建设，实施了数百项长城保护维修工程。十余年间，长城保护尤其是文物层面的保护取得了长足进展，长城保护法律体系也得到了进一步的完善。

2019年，中国国家文物局出台《长城保护总体规划》，指导各地开展长城保护修缮、日常养护及巡查监测，并开通中国长城遗产网，制定《长城保护员管理办法》，成立长城保护联盟。同年，中国政府积极推动长城国家文化公园建设，印发《长城、大运河、长征国家文化公园建设方案》，提出到2023年底，初步形成长城、大运河、长征沿线文物和文化资源保护传承利用协调推进的局面，权责明确、运营高效、监督规范的管理模式初具雏形。中国政府秉承加强顶层设计和完善法律体系的思路，全方位推进长城国家文化公园建设，从更加宏观的视角审视长城与长城文化，使保护文化遗产、弘扬传统文化和满足人民对美好生活的向往三者实现良性互动，有机结合，相互促进。

上述行动，夯实了长城保护工作的基础，成为中国在世界遗产保护方面的一个高水平的保护、管理、监测、展示项目。但这并不是长城保护的全部，更为重要的是，中国政府重视长城保护的现实性意义，着力让长城文化与中国乃至世界的发展战略形成高度契合。

一部长城史，就是半部中华文明史。近代以来，长城被赋予诸多的内涵，其中最为人们所熟知的是其符号属性，即作为中华民族的象征这一精神意涵。对内，长城自古就是中国人共同文化心理的重要承载物。在当代，长城不仅是中国人的精神家园，很多长城沿线的关隘、城堡都发展为村落、乡镇甚至都市，成为真实的家园，可以说，长城是活的遗产。保护长城就是留住乡愁，激发人们对家乡的热爱。挖掘和保护好长城及长城文化，能够使人民群众触摸真实的历史，提升文化品位，增强民族自豪感、凝聚力。对外，借助长城巨大的国际认知度和影响力，更加直观地阐释和展示中华民族勤劳、智慧的品格，悠久厚重的文明，灿烂的文学成就，中国古人高超的建筑技艺及其所体现的人与环境

金山岭长城（2021年）

和谐共处的思想。保护长城，就是保护中华先民筚路蓝缕、顽强生存、天人合一以及善于创造的精神。保护长城，就是要向全世界讲好中国故事。

同时，从国家治理的角度，长城也是重要的经验源泉。改朝换代、民族战争和商贸往来等在长城身上都有所反映。长城源于战争，其目的则在于止战。长城的修建，是处理政权之间、民族之间关系的成功实践，客观上曾将内外民族的命运联系在一起，保障了中华民族在2600余年的时间里，能够在相对和平稳定的环境中连续发展。在和平时期，长城沿线一些关隘和城堡作为贸易口岸，承担了汉胡贸易的经济功能，而北方草原游牧经济的脆弱性和中原政权组织军事行动的高昂成本使得两方都懂得“和则两利，斗则俱伤”的道理。同时，长城的分段管理、权责平衡、利益分配与资源整合优化，充分体现了系统性思维，具有先进性，为中国国家治理体系和治理能力现代化提供了宝贵的经验。长城是黄河流域的重要遗产，也是古代丝绸之路必经之地，承载了不同民族共同的荣誉与梦想。自汉代“丝绸之路”中国段开通以来，河西走廊与新疆地区的长城就在客观上发

司马台长城（2021年）

挥了保护往来使节与客商的作用。长城是“一带一路”沿线重要的文化文物资源，是中国与“一带一路”沿线国家悠久的友好交往史的实证。长城拒绝征服，但从未拒绝交流。古老的长城体现了人类命运共同体的中国智慧。在全球化的今天，长城作为包容与和平的象征，是国际交流和交往的象征性纽带。面对经济发展、环境保护等问题，人类已是一个命运共同体，将面临文明的大融合。所以，保卫和平、保护文明、保障交流的人类永恒主题是长城的当代价值。

“秦时明月汉时关，万里长征人未还”。长城是贯通人类东西方历史的文化宝库，见证了人类共同谋求幸福的奋斗历程，彰显着人类的创造之美。“一切美好的事物都是相通的。人们对美好事物的向往，是任何力量都无法阻挡的。各种文明本没有冲突，只是要有欣赏所有文明之美的眼睛。”[1]在欣赏美的过程中，平等交流、促进对话、兼容并蓄、取长补短，就能使不同民族的文化不断创新发展。

借长城之美，期待世界文明百花园群芳竞艳！

1 2019年5月15日，习近平主席在亚洲文明对话大会开幕式上发表的主旨演讲。

参考文献

1. 北京市政协教文卫体委员会，北京国际城市发展研究院，等.长城踞北：综合卷[M].北京：北京出版社，2018.
2. 北京市政协教文卫体委员会，北京国际城市发展研究院，等.长城踞北：平谷卷[M].北京：北京出版社，2018.
3. 北京市政协教文卫体委员会，北京国际城市发展研究院，等.长城踞北：密云卷[M].北京：北京出版社，2018.
4. 北京市政协教文卫体委员会，北京国际城市发展研究院，等.长城踞北：怀柔卷[M].北京：北京出版社，2018.
5. 北京市政协教文卫体委员会，北京国际城市发展研究院，等.长城踞北：延庆卷[M].北京：北京出版社，2018.
6. 北京市政协教文卫体委员会，北京国际城市发展研究院，等.长城踞北：昌平卷[M].北京：北京出版社，2018.
7. 北京市政协教文卫体委员会，北京国际城市发展研究院，等.长城踞北：门头沟卷[M].北京：北京出版社，2018.

8. 张依萌 . 长城保护的当代价值 [N]. 学习时报，2019-12-27(6).
9. 季芳，孙龙飞，李洋 . 与时间赛跑 向目标冲刺（走向冬奥）：写在北京冬奥会开幕倒计时200天之际 [N]. 人民日报，2021-07-19 (16).
10. 罗哲文 . 长城史话 [M]. 北京：北京出版社，2018.
11. 唐晓峰，陈品祥 . 北京北部山区古长城遗址地理踏查报告 [M]. 北京：学苑出版社，2009.
12. 胡平平 . 自然地理环境与长城北京段关系研究 [D]. 北京：北京建筑工程学院，2008.
13. 汤羽扬 . 中国长城志：建筑 [M]. 南京：江苏凤凰科学技术出版社，2016.
14. 北京市地方志编纂委员会 . 北京志·世界文化遗产卷·长城志 [M]. 北京：北京出版社，2008.
15. 张玉坤 . 中国长城志：边镇·堡寨·关隘 [M]. 南京：江苏凤凰科学技术出版社，2016.
16. 杨宗，温志宏 . 长城 [M]. 南昌：百花洲文艺出版社，2012.
17. 政协密云县文史委员会 . 长城专辑·密云文史稿 [M]. 北京：政协密三县文史委员会，2012.
18. 程金龙 . 北京延庆明代长城研究 [M]. 北京：新华出版社，2011.
19. 韩育臻 . 金朝文化政策研究 [D]. 青岛：青岛大学，2008.
20. 刘美云，许宏芝 . 论金世宗时期汉化与旧俗的关系 [J]. 山西大同大学学报（社会科学版），2015，29(1)：28-30，34.
21. 梁变凤 . 技艺载道，道艺合一：中国古建筑科技、伦理、艺术融合的案例与理论探索 [D]. 太原：山西大学，2012.
22. 张妙弟 . 北京学研究文集 [M]. 北京：北京燕山出版社，2005.
23. 雅斯贝斯 . 时代的精神状况 [M]. 王德峰，译 . 上海：上海译文出版社，2013.
24. 葛承雍 . 科技与艺术相嵌的文物之彩 [J]. 读书，2021(8)：51-59.
25. 董耀会 . 长城：中华民族的代表性符号和中华文明的重要象征 [N]. 中国民族报，2021-01-08(5).
26. 魏敏，刘晓涛 . 长城：故国与家园 [M]. 北京：五洲传播出版社，2021.
27. 亨廷顿 . 文明的冲突与世界秩序的重建 [M]. 周琪，等，译 . 北京：新华出版社，2010.

28. 侯仁之．北平历史地理[M]. 北京：外语教学与研究出版社，2013.
29. 马瑞江．从多元到一体的动因与机制[D]. 天津：天津师范大学，2008.
30. 曹大为．长城：碰撞与融合的界碑[J]. 中州学刊，1993(6)：114-120.
31. 陈飞雪．刘易斯·芒福德的城市文化理论研究[D]. 南宁：广西大学，2017.
32. 辛之声．中国民间信仰事象随想[N]. 中国民族报，2006-05-23(6).
33. 彭兆荣．重识"村落—家园"：后疫情时代传统村落的人类学再考察[J]. 西北民族研究，2021(1)：168-177.
34. 胡彬彬，邓昶．中国村落的起源与早期发展[J]. 求索，2019(1)：151-160.
35. 高申贵．关于中国人乡土情结的文化思考[J]. 吉林工程技术师范学院学报，2018，34(7)：78-80.
36. 罗晓翔．乡土情结与都市依恋：论晚明以降的中国城乡观[J]. 江海学刊，2020(4)：195-204，255.
37. 陈喆，张建．长城戍边聚落保护与新农村规划建设：以昌平长峪城村庄规划为例[J]. 中国名城，2009(4)：36-39.
38. 于秀娟．长城内外皆故乡：席慕蓉的双重乡愁[J]. 内蒙古民族大学学报，2012，18(6)：28-29.
39. 陈月异．回不去的故乡，挥不去的乡愁：乡愁纪录片的现代性焦虑[J]. 华中学术，2021，13(1)：233-240.
40. 季中扬．乡土文化认同危机与现代性焦虑[J]. 求索，2012(4)：162-164.
41. 石艳侠．流浪的故乡[J]. 当代人，2019(10)：20-23.
42. 熊万胜．村落的未来形态：在农庄与社区之间[N]. 学习时报，2014-09-29(4).
43. 鲁毅．汉字：中华文明的历史丰碑[N]. 光明日报，2007-04-06(9).
44. 李敏生．安子介论汉字是中华民族文化的根[J]. 汉字文化，1996(1)：21-25.
45. 赵士禛．中华文明与秦兵马俑的核心价值[J]. 新西部(下半月)，2009(5)：123-124.
46. 马超．"以和为贵，自强不息"民族精神的重要价值[J]. 青年时代，2020(3)：96-97.
47. 朱耀廷，等．战争与和平的纽带：古代长城[M]. 大连：辽宁师范大学出版社．1996.

48. 唐坚．天下为公，世界大同：以中国优秀传统文化视角辨析人类命运共同体的时代内涵[J]. 南方论刊，2021(6)：14-17.
49. 李戈瑞．长城是中华民族复兴的文化符号[C]// 中国长城学会，八达岭特区办事处．中国长城文化学术研讨会论文集．北京：中国书籍出版社，2019：75-79.
50. 连玉明．六度理论[M]. 北京：中信出版社，2015.
51. 李威，巢清尘．气候：历史的推手：从气候变化看历史变迁[M]. 北京：气象出版社，2018.
52. 李乾朗．中国式建筑[M]. 北京：中信出版社，2017.
53. 冯之浚．建设生态文明：科学发展观的必然要求[N]. 光明日报，2009-01-02(4).
54. 高丙中．从文化的代表性意涵理解世界文化遗产[J]. 清华大学学报（哲学社会科学版），2017，32(5)：40-48，196.
55. 陈伟峰．中国传统民居：《周易》美学智慧的集成[N]. 建筑时报，2008-06-05(8).
56. 董耀会．以险制塞：长城修建的空间原则[N]. 中国文物报，2016-04-08(3).
57. 唐淼．气候：人类历史中不可忽视的角色[N]. 中国气象报，2015-03-22(3).
58. 屏营，愈嘉．瘟疫：人类的敌人，历史的推手[EB/OL]. (2020-03-01)[2021-12-20]. https://www.ishare.com/c/s/7uSWWN9cuWd.
59. 苗泽华，王世哲，李金英．《易经》视阈下长城经济带发展战略之构想[J]. 河北地质大学学报，2020，43(1)：125-131.
60. 汤羽扬，蔡超，刘昭祎．北京市长城文化带保护发展规划编制回顾[C]//《万里长城》编辑部．万里长城：庆祝中华人民共和国成立70周年论文集．2019：36-41.
61. 汤羽扬，刘昭祎．北京长城保护规划编制的思考[J]. 中国文化遗产，2018(3)：41-47.
62. 姚爱静，何建勇．北京长城国家公园生态系统连通性研究[J]. 绿化与生活，2018(8)：44-46.
63. 伊凡．北京长城文化带人文遗迹资源与环境的保护利用研究[J]. 智能城市，2018，4(16)：96-97.
64. 王哲．北京长城文化展示带构建研究[D]. 北京：北京建筑大学，2016.

65. 刘素杰，吴星. 建设国家文化公园，促进长城沿线区域绿色发展：以京津冀长城保护与传承利用研究为例 [J]. 河北地质大学学报，2020，43(5)：135-140.
66. 史威，朱捷，张静，等. 清中晚期中国生态严重退化的思考：兼论“摊丁入地”政策与长城生态功能消失的协同作用 [J]. 地域研究与开发，2007(1)：86-90.
67. 曾慧子，黄思成，饶成之，等. 区域协同视角下长城文化遗产景观体系构建 [J]. 中国城市林业，2020，18(6)：126-130.
68. 孔繁德. 中国长城沿线生态破坏的特点及保护对策 [J]. 水土保持研究，2006(2)：42-43.
69. 刁生虎.《周易》天人合一思维及其美学意义 [J]. 西北成人教育学报，2004(1)：33-36.
70. 刘婉华. 中国古代建筑的生态价值理念 [J]. 华南理工大学学报（社会科学版），2014，16(3)：81-84.
71. 赵英哲，杨子江. 浅论中国古代建筑中蕴涵的哲学思想 [J]. 中国西部科技，2011，10(30)：90-91.
72. 袁秀，李景文，李俊清. 长城北京段风景区植被特征及植物多样性 [J]. 生态学报，2007(3)：977-988.
73. 王桂新，潘泽瀚. 中国人口迁移分布的顽健性与胡焕庸线 [J]. 中国人口科学，2016(1)：2-13，126.
74. 中国奥委会网. 国际奥委会《奥林匹克2020议程》基本内涵解读 [EB/OL].(2015-06-11)[2021-12-20]. https://www.olympic.cn/e-magzine/1506/2015-06-11/2352558.html.
75. 北京奥林匹克公园管理委员会. 奥运模式 [M]. 北京：中国时代经济出版社，2010.
76. 北京地方志编纂委员会. 北京志·文物卷·文物志 [M]. 北京：北京出版社，2008.
77. 董耀会. 长城的崛起 [M]. 北京：北京大学出版社，2012.
78. 中共中央办公厅、国务院办公厅.“健康中国2030”规划纲要 [A/OL]. (2016-11-20)[2021-12-20]. https://www.gov.cn/gongbao/content/2016/content_5133024.htm.

79. 健康中国行动推进委员会.健康中国行动(2019—2030年)[A/OL]. (2019-07-15)[2021-12-20]. https://www.gov.cn/xinwen/2019-07/15/content_5409694.htm.
80. 国家体育总局."带动三亿人参与冰雪运动"实施纲要(2018-2022年)[A/OL]. (2018-09-05)[2020-12-20]. https://www.sohu.com/a/252674380_785268.
81. 中共中央办公厅，国务院办公厅.关于以2022年北京冬奥会为契机大力发展冰雪运动的意见[A/OL]. (2019-03-31)[2021-12-20]. https://www.gov.cn/zhengce/2019-03/31/content_5378541.htm.
82. 国际奥委会，国际残奥委会，北京冬奥组委.北京2022年冬奥会和冬残奥会可持续性计划[A/OL]. (2020-05-15)[2021-12-20]. https://matl.gting.com/bj2022/Sustainability/Sustainability Plan CN.zip.
83. 连洋.冰雪文化对北方城市发展的作用[J].学术交流，2015(5)：214-218.
84. 崔乐泉，张红霞.从传统冰雪到冬奥文化：跨越时空的文化对话[J].体育学研究，2019，2(1)：7-16.
85. 何金华.北京冬奥会背景下我国冰雪运动可持续发展路径探析[J].科技体育，2020(4).
86. 柳鸣毅，丁煌，但艳芳，等.体育强国建设背景下中国冰雪运动公共政策分析[J].上海体育学院学报，2021，45(4)：47-57.
87. 成福民，隋丽丽，王颖.全民健身时代北京冬奥周期我国冰雪体育旅游发展研究[J].冰雪运动，2020，42(6)：60-63.
88. 曹淞.新时代2022年北京冬奥会国家形象传播研究[D].哈尔滨：哈尔滨体育学院，2019.
89. 常晓铭，刘卫国."一带一路"背景下北京冬奥会推动我国冰雪旅游产业融合发展研究[J].北京体育大学学报，2020，43(7)：86-96.
90. 王月，孙葆丽.可持续发展视阈下北京2022年冬奥会遗产探析[J].北京体育大学学报，2019，42(1)：42-49.
91. 谢军，汪流.北京冬奥会和冬残奥会遗产助力国家发展战略的研究框架构建[J].北京体育大学学报，2020，43(4)：33-39.
92. 王刚.长城的保护与旅游开发：以张家口为例[J].河北地质大学学报，2018，41(2)：133-135.